Cómo influir en las personas

Aprende a ejercer la influencia en los demás para mejorar tus relaciones interpersonales

Yoritomo-Tashi

Recopilado por B. Dangennes

ÍNDICE

Introducción

YORITOMO-TASHI, cuyos preceptos son presentados en este libro, es conocido como uno de los tres mejores estadistas que Japón haya producido jamás. Era el revisor del código legal del Imperio, y el organizador del feudalismo militar, rescató a su tierra natal del abismo de desmoralización en el cual se había hundido. En 1186 estableció la sede de su gobierno en Kamakura, donde organizó un cuerpo administrativo, similar en sus métodos y operación al gobierno metropolitano. Por lo que se sabe de su carrera pública, es evidente que solía ejercer una influencia dominante sobre las mentes de su gente. Para él, el arte de influenciar a los demás era la clave para el éxito.

El gran filósofo creía que el espíritu del individuo ejerce influencia continuamente, incluso como la flor también ejerce influencia mediante la difusión de su fragancia en el aire. Pero así como la flor no puede decir dónde se dispersan sus fragancias, ninguno de nosotros puede decir hasta qué punto puede llegar nuestra influencia. Como decía un escritor anónimo: "La influencia nunca muere." Cada acto, cada emoción, cada mirada y cada palabra debe hacerse sentir, para bien o para mal, para felicidad o miseria.

En las doce lecciones que el señor B. Dangennes ha extraído de las escrituras de Yoritomo-Tashi para presentar en este libro, se consideran las diferentes maneras con las que se puede ejercer influencia, como así también los medios por los que se puede ejercer.

La primera lección está dedicada al incremento y a la expansión de las fuerzas psíquicas para despertar las energías latentes dentro de nosotros; otra explica cómo la influencia puede ser ejercida por la persuasión y la sugestión; una tercera lección muestra el valor de la idea fija cuando es apoyada por argumentos lógicos; la cuarta lección trata sobre la influencia magnética del ojo humano y proporciona ejercicios para su desarrollo; mientras que la quinta lección presenta el poder del buen ejemplo. El capítulo seis enseña diferentes puntos sobre el valor de la perseverancia, cómo conseguir grandes cosas con la adecuada utilización de los ratos libres. La séptima lección enfatiza el poder de la concentración, y ofrece ejercicios para su adquisición; una octava muestra que mediante el intercambio de la confianza se puede ejercer una influencia poderosa que puede beneficiar incluso a aquellos que sufren de enfermedades mentales y físicas. En las lecciones siguientes descubrirá cómo ganar prestigio aprovechando los beneficios de la concentración, cómo desarrollar su confianza y cómo adquirir poder dominante.

"La confianza", dice Yoritomo, "es la base del coraje y el resorte principal de la acción." Emerson mismo creía en este aforismo cuando dijo: "Confía en los hombres y te serán fieles; trátalos extraordinariamente y van a mostrarse extraordinarios para contigo." Confiar en el otro, aun si uno es traicionado, es mucho mejor que andarse ocultando. El hombre que sospecha el mal en otra persona está buscando en su prójimo la misma cosa que él ve en sí mismo, mientras que el que ejerce una influencia ventajosa es el hombre que utiliza su fuerza y su iniciativa para consagrar sus energías a la adquisición de lo que es bueno.

A lo largo de las siguientes páginas el editor ha proporcionado sugerencias, ejemplos y ejercicios como ayudas para el lector en la adquisición de este, el arte conveniente de saber cómo influir en los demás.

El Editor.

Prefacio

El éxito que ha asistido a la publicación de "Cómo superar la timidez" me ha animado a imprimir los preceptos de Yoritomo-Tashi.

La atención del público se volvió ahora hacia el antiguo Shogun, cuya doctrina, resonando con verdades milenarias, es tan aplicable a las necesidades de nuestros días como en el momento en que fue revelada por primera vez.

Por otra parte, este manuscrito se embellece con leyendas que aparecen, aquí y allá, esparcidas entre lección y lección. Historias de las más raras y exquisitas.

Por lo tanto, es para mí una profunda alegría el abrir nuevamente los manuscritos de mi amigo, el fallecido Comandante B. y transcribir los preceptos y las reflexiones de lo que una vez fue no sólo un líder de hombres, sino también un guía espiritual.

Al volver a leer estas vibrantes frases de clara persuasión y sinceridad convincente, me sentí llevar, poco a poco, por el encanto ya experimentado; y la influencia de estas palabras, que parecen brotar desde el principio de los tiempos y que se han difundido en todo el mundo, me atrajeron y cautivaron cada vez con mayor admiración.

¡Influencia! Esa palabra casi mágica, que sugiere tantas cosas. Influir en los demás. ¡Qué regalo maravilloso, y qué éxito asegurado tendrá aquel que sepa cómo utilizarla!

Las debilidades de la voluntad y los terrores que causa el angustioso fantasma de la duda, serán ajenos a él.

Tanto el espíritu como el cuerpo estarán bajo su mando.

Las penas de la vida nunca lo van a desbordar por completo, ya que, al haberlos previsto; él sabrá cómo mitigarlos.

Él tendrá la alegría de ver que los corazones de los hombres, bajo la influencia tanto de su palabra como de su ejemplo, se abren a los sentimientos puros y nobles.

El arte de tener éxito se convertirá en algo familiar para él, porque sabrá cómo atraer a sí mismo colaboradores voluntarios.

En pocas palabras, su poder le hará ser visto como un ser diferente a los demás, y, utilizando un antiguo refrán japonés, lleno de poder dominante: "Él va a construir su palacio sobre los huesos de los tímidos y acomplejados."

Poco a poco, la acción radiante de esta expansión actúa sobre mí. Por qué no intentar, entonces, y a través de Yoritomo, el hablar de este arte, mucho más magnífico que todos los demás, ya que vuelve contagioso cualquier proyecto que deseemos comenzar y nos muestra cómo evitar que se convierta estéril.

Si bien el influir en los demás no es jugar al papel del Creador, sí trae vida a la mente de los hombres una idea que sin su ayuda nunca hubiera germinado.

Se convierte en una especie de providencia, ya que una buena influencia entierra el vicio, la fuente de la infelicidad y la inquietud, e instala en lugar tranquilo y perfecto, aumenta la alegría de vivir y la seguridad que siempre precede a la felicidad, o al menos nos permite mantenernos en ese estado donde nos encontramos más cerca de ella.

Es con mucho fervor, entonces, que he desplegado una vez

más los escritos del filósofo, para transcribir las máximas y las luminosas leyendas que hacen el estudio de su obra tan especial y tan atractivo.

A pesar de que toda verdad es eterna, confío en que en este libro, como en otros que le han precedido, el lector sentirá la atracción innegable y peculiarmente ilustre de la doctrina que ejerce el antiguo Shogun sobre las mentes de aquellos que saben cómo captar y comprender sus enseñanzas.

B. Dangennes.

Por Aumento y Propagación
de las Fuerzas Psíquicas

"Existe un país situado no muy lejos del río Yet-Sin," dijo Yoritomo, "en el que ciertos pueblos son reconocidos por la propiedad curativa del aire."

"Con las brisas más ligeras se difunden los olores balsámicos, que vierten en los pulmones débiles el aliento restaurador que tanto desean. Cuando llega la primavera se reúnen allí personas lesionadas para instalarse temporalmente en casas diminutas, las cuales, vistas desde la distancia, parecen enormes pájaros que descansan por un instante antes de volver a tomar vuelo."

"Mi venerado maestro, Lang-Ho, me llevó un día para visitar este país tan privilegiado, y mientras admiraba la belleza del paisaje, no podía abstenerme de acciones que mostrarban claramente mi sorpresa."

"En los jardines que rodean las pequeñas casas, vi flores amarilis abrir sus magníficos cálices, dentro de los cuales el polen de primavera cargaba sus pistilos, asemejando el aspecto de largas pestañas de una mujer que han sido marcadas fuertemente con pintura. Había también un cuadro floral tupido de las más bellas rosas, mientras que las grandes enredaderas subían por los techos y caían en racimos irregulares."

"Los campos se extendían monótonamente en la distancia, y franjas de tierra estaban plantadas con bancos sólidos de crisantemos, cuyo olor amargo podíamos detectar claramente. Pero por encima de todos los demás olores surgió la fragancia balsámica de los árboles resinosos, vivificantes y persistentes. Sin embargo, a pesar de que miré a mi alrededor con cuidado, no pude percibir ninguna señal de los árboles cuyo olor colmaba nuestros pulmones."

"Entonces mi maestro me miró y sonrió: "Pensé que te sorprenderías," dijo él, "ésa es la experiencia común de los que visitan este país por primera vez; pero qué pocos de ellos son lo suficientemente sabios como para extraer una lección de todo lo que observaron.""

"Señalando una colina baja, cuyo verdor plateado parecía sobresalir como una masa luminosa contra un emotivo cielo azul, continuó: "¡Mira! Detrás de esa pantalla de luz de arbustos hay una arboleda compuesta de árboles resinosos. No podemos verlos, pero su influencia benéfica se difunde en todo el país circundante. ¡No te olvides de la lección que esto enseña, hijo mío! Ese pequeño bosquecillo de potencia regenerativa representa un hombre cuya influencia irradia sobre sí mismo y se extiende sobre aquellos que se le acercan, de esta manera derrama sobre ellos el bálsamo que destila.""

"Así como en los frívolos abedules, quienes esconden ramas ásperas y raíces de donde proceden la salud y la vida, el arte de influir debe aprender a rodearse de un aspecto de amabilidad, y con el fin de llegar a las almas de los hombres tiene que abandonar la idea de que debe estar compuesta sólo de las virtudes más ásperas y rugosas, dichos tan ensalzados por muchos filósofos hoy en día."

"La influencia debe saber cómo entrar en el espíritu más imprudente, de la misma forma en que el olor balsámico penetra estas casitas sin mucho valor con sus jardines llenos de flores inútiles."

"La mayoría de las personas aquí presentes no tienen problema ante la mera noción del aburrimiento de la vida en el bosque; pero vienen con placer a establecerse entre las flores y ceden inconscientemente a la influencia de la restauración que se irradia a su alrededor en los átomos balsámicos vivificantes."

"Con la llegada del invierno van a salir. Ellos volverán a su antigua forma de vida, separándose completamente de lo que les ha dado un nuevo nacimiento, por así decirlo; pero van a tener dentro de sí mismos este principio de vida nueva que se ha implantado sin su voluntad, y que se desarrolla lenta y gradualmente en la forma de un deseo de volver."

"No seas ciego, hijo mío, sino recibe muy seriamente la lección dada por la inmensidad y la simplicidad de la naturaleza. A medida que ella influencia todo el cuerpo, debes saber que también influye las almas; y tu estancia terrenal debe contribuir a la instrucción de una raza fuerte y flexible, cuyo poder se impondrá a lo largo de los siglos."

"El hombre que sabe cómo asumir suficiente autoridad sobre los demás para poder trazar marcas de su energía y poder duradero sobre las mentes de los que están bajo su influencia, nunca muere."

"Mientras él disertaba," Yoritomo continuó: "Miré a mi alrededor y vi algunos de los habitantes de estas pequeñas casas de placer. Algunos de ellos se ocupaban de tareas ligeras de la horticultura; otros paseaban, charlando; las mujeres, a quienes se podía discernir entre las sombras de las terrazas, estaban preparando el té haciendo sonar alegremente las tazas una contra otra. Nadie parecía considerar a la arboleda vecina, sin embargo, todos sentían su influencia benéfica."

"Un deseo imperioso y apasionado surgió dentro de mí permitiendo la expansión de las fuerzas con energía, siempre trabajando y siempre en aumento. Es que mi cerebro acababa de comprender que los poderosos rayos de la influencia pueden penetrar las almas débiles y templar la amarga lucha de la existencia, despertando en las personas una resolución hacia el bien y odio al mal, al mismo tiempo que desarrolla un valor intrépido, el cual es la clave de todo éxito basado en ambiciones nobles."

Una sola palabra me llamó la atención en esta última frase del filósofo japonés. Él no dijo "para crear", sino para "despertar" en las almas de los hombres una resolución hacia el bien y odio al mal. Es sólo en los romances más simples y en las jugadas más ingenuas que los hombres son buenos o malos todos de la misma manera, sin ninguna variación.

Por el contrario, es fácil demostrar que cada individuo es una presa: en un momento determinado o en circunstancias especiales, impulsos contrarios pueden mostrar en él la presencia de una doble sensibilidad.

No vamos a hablar de las inclinaciones que se corrigen a sí mismas o aquellas que decrecen para hacerse más débiles luego de momentos de reflexión. Por ejemplo, la prodigalidad repentina e inesperada de un avaro que se imagina que él puede ganar algo mostrando liberalidad; la auto-indulgencia voluntaria de un hombre que sabe cuan perjudicial para él puede ser una apariencia de rigor excesivo; o la abstinencia temporal de un goloso que reserva sus apetitos para una fiesta.

El instinto muy a menudo toma el lugar de la razón al imponer en cada persona actos de sentimiento contradictorio, de acuerdo con el tiempo, el lugar o las circunstancias.

Muy a menudo es nuestra mente el campo de la evolución, donde están las resoluciones elaboradas que no son dictadas por una voluntad atenta y concienzuda.

Nuestra moderna forma de discurso llama a tales personas impulsivas; siguiendo la curva de la idea que los persigue, que pueden ser heroicos o cobardes, orgullosos o serviles, amables o crueles. A menudo es imposible para el observador, así como para ellos mismos, determinar la cualidad exacta, ya sea buena o mala, que juega el papel principal en el carácter del hombre normal.

"Hay quienes," Yoritomo continúa, "deslumbrados por los fantásticos sueños de una existencia teórica, se echan atrás ante el esfuerzo necesario para restablecerse a sí mismos en la vida real y en la extracción de los trapos de la ilusión de su quimera."

"Todos aquellos a los que la inercia los tiene enredados en sus vicios sentirán sus corazones movidos por una emoción que conduce hacia la luz y hacia la práctica de las virtudes, querrán enfrentarse triunfalmente el conflicto de la existencia."

Tenga en cuenta que el Shogun no habla de "crear" la sensación que da el impulso hacia el bien; él simplemente desea despertarlo, porque sabe que esa percepción habita en cada corazón humano. Si no se manifiesta es porque las cualidades psíquicas necesarias para su producción no alcanzan a crear con éxito el impulso inicial, el cual, fortificado por la voluntad, se vuelve más preciso por la concentración, para luego llegar a ser eficaz en la formación de un hábito.

Pero con el fin de poseer este don en una forma lo suficientemente completa como para ejercer su influencia benéfica sobre los demás, y para que pueda ser posible sugerir pensamientos favorables y arrebatar a los hombres de la inclinación hacia resoluciones fatídicas, es indispensable que nos dotemos del poder benéfico, el cual debe irradiar en nosotros mismos como el calor se levanta de una chimenea encendida.

¿Qué hay que hacer para ganar este poder? Escuchemos nuevamente al Shogun:

"Nosotros poseemos," dijo él, "innumerables fuerzas que se esconden dentro de nosotros mismos, tanto espirituales como corporales, que debemos guiar. Así como las aguas de un canal son conducidas, debemos guiar estas fuerzas para que sirvan a la conquista del bien."

"La existencia de estas fuerzas no puede ponerse en duda: permanecen en estado latente en algunas personas y aparecen de forma intermitente en otras. Es la falta de domesticación de estas fuerzas lo que causa la disparidad frecuente y desconcertante del ego."

"¿Qué se puede pensar de un hombre que el día de hoy comete un crimen infame y que mañana, en las mismas circunstancias, lleva a cabo un acto de devoción?"

"Diferentes pensadores han deducido, a partir de este fenómeno, la teoría de que en un hombre así dormitan diferentes estados del alma, de los cuales uno de ellos, bajo la influencia de una emoción momentánea, aumenta repentinamente, excluyendo a todos los demás."

"Estas manifestaciones de las energías que están enterradas en lo más profundo del ser son, en lo que respecta a nuestro mejoramiento moral, casi siempre lamentables, porque son irreflexivas, imprudentes y casi siempre contrarias a los diseños que la razón deliberada nos ayudaría a cumplir."

"Es una buena idea el dirigir estos esfuerzos hacia un fin práctico, y no hacia realizaciones de las cuales su cumplimiento no nos darían ninguna satisfacción."

A propósito de esto, Yoritomo relató la siguiente leyenda:

"Érase una vez un hombre que estaba enamorado de la reina de las nubes. Esta persona se pasaba sus días en la contemplación de los cielos. Cuando el sol brillaba estaba triste, pero cuando las nubes flotaban a través de los cielos como harapos grises, se deleitaba fantaseando algún día el poder contemplar su quimera."

"Ella era muy caprichosa, y rara vez asumía el mismo aspecto dos veces. Pero de vez en cuando el hombre la reconocía en alguna masa floculante, con lo cual su corazón se llenaba de alegría."

"Por fin se decidió a unirse a ella, y con el fin de hacerlo le pareció que debía construir una monumental escalera que llegaría al cielo. Así que con ese propósito en mente se puso a trabajar, interrumpiéndose sólo para perderse en la contemplación de su ideal."

"Pasaron los años; su cabello se volvió gris, las manos y las rodillas le temblaban, pero fiel a su tarea, continuó penosamente agregando un escalón tras otro."

"Por fin llegó el día cuando el tambaleante constructor, luchando en contra de la angustia de saber que la muerte se acercaba, alcanzó su objetivo: la escalera llegó a las nubes, y desde el medio de ellas su amada se inclinó hacia él."

"Subió el último paso y extendió sus labios a la aparición tan anhelada. Pero lo que recibió fue sólo el beso de la lluvia que, cayendo lentamente, llevaba en ella la forma había adorado tantos años."

"Volviendo a la tierra el hombre lloró. Lloró por su juventud perdida, por los hermosos años que habían pasado, pero sobre todo por su fuerza desperdiciada en esfuerzos estériles, la cual podría haber dispuesto para usos más grandiosos."

Que esta pequeña leyenda no sea el origen de la historia de la que nuestros escritores modernos han extraído la figura de Pierrot enamorado de la luna. ¿No existen ya muchas personas que pasan sus vidas en la construcción, a etapas lentas, de una escalera que conduce a ninguna parte, y que no perciben el hecho hasta que se termina la obra?

La lucha por la vida se vuelve más y más difícil, y el poder de nuestras facultades ocultas debería ampliar de acuerdo con las necesidades cada vez mayores. Es hora, pues, de despertar las fuerzas que se encuentran en estado latente dentro de nosotros.

"Pero", alguien puede objetar a esta apelación, "las fuerzas del mal, así como las buenas, se despertarán, y la lucha entre ellas será mucho más fuerte, porque nosotros mismos debemos dirigirla."

El viejo filósofo japonés había previsto esta objeción, y dijo en voz baja:

"¿Por qué temer a reanimar todas las posibilidades que se encuentran en estado latente en nuestra naturaleza?"

"¿No es deseable cultivar todas las plantas indiscriminadamente?"

"Existen las plantas que son venenosas, es cierto, sin embargo incluso éstas son indispensables en la práctica de la medicina."

"Las grandes dosis de ciertos medicamentos causan la muerte; pero administradas sabiamente de la mano de un hábil médico, traen alivio y muy a menudo una cura completa."

"Lo mismo puede decirse de muchas fuerzas que están guiadas hacia el mal sólo porque no están disciplinadas."

"Todavía hay un peligro a evitar: el de no discernir a aquellos que nos hacen equivocar al llamar virtudes aquellas que son sólo copias fraudulentas de las virtudes verdaderas."

"Así como ciertos vegetales venenosos se parecen mucho a las que son saludables y comestibles, así como ciertas flores tienen la forma y el color de las que son inofensivas hasta el punto de que sólo los iniciados pueden detectar la diferencia, así también existen fallas, las cuales, por su origen, se asemejan a las virtudes de las que son realmente el opuesto directo."

"Pero los naturalistas no son engañados: la planta venenosa es reconocida por ellos en medio de un centenar de otras muy parecidas, y si ellos las juntan es sólo para extraer sus propiedades medicinales."

El filósofo, especialista en investigaciones relacionadas con la sugerencia, distingue aún más rápidamente las fuerzas "enemigas" que se disfrazan bajo una apariencia de falsa virtud:

"Él separará el orgullo de la vanidad, la perseverancia de la obstinación, la dulzura de la debilidad; y, fortalecido en este conocimiento, sabrá cómo reunir e infundir en las almas débiles la dosis infinitesimal necesaria para producir los auxiliares del éxito."

Observé que esta palabra "éxito" era mencionada con frecuencia en las observaciones del filósofo japonés. Creo firmemente que es el "Ábrete Sésamo" de las puertas mágicas que conducen al dominio tan deseado de uno mismo.

¡Éxito! Es el cumplimiento de uno o varios de nuestros deseos personales, convergiendo hacia un final. Es la razón de vivir para aquellos que desean luchar por la conquista del bien, ese bien que tiene una manera de transformarse y parece más lejos cuando uno siente que ha llegado.

Los hombres sabios conocen la inutilidad de la palabra "perfección": la perfección no puede existir, ya que no puede ser absoluta y está siempre sujeta a la discusión, sea por la inclinación de diferentes gustos o por la aplicación de diferentes leyes y doctrinas.

Otros, cuyas convicciones modifican el ideal, critican una

cosa que a algunas personas les parece el más alto grado de buena voluntad.

En este punto Yoritomo, tal como le gustaba hacer, ilustra sus palabras con una fábula:

"Una vez vivió un hombre," dijo él, "que decidió subir a la cumbre más alta de una cadena de montañas, con el fin de que ningún obstáculo pudiera esconder de él la visión entera del universo.

"Después de innumerables fatigas, subió al pico que desde abajo parecía el más alto de todos los demás. El ascenso fue muy duro, el camino arduo y peligroso; pero el hombre, poseído por su idea, no sentía ni el sol abrasador que le quemaba la cara ni tampoco el viento que soplaba desde el norte en las noches invernales."

"Con el fin de evitar precipicios y posibles trampas a lo largo de la travesía, caminaba con la cabeza inclinada, y no levantaba su rostro sino hasta el momento en que sus pies llegaban a lo más elevado de la meseta, el objeto de sus denodados esfuerzos."

"Ay, pero cuál fue su desilusión cuando se encontró con una pared de granito que las nubes habían ocultado hasta ahora de su mirada, pues desde abajo no podía ver esto que tenía ante sus ojos. Esta pared se levantaba delante de él recta, rígida y escabrosa."

"Además de esto las nubes que envolvían la pared casi no le permitían discernir el camino que debía seguir en medio de mil peligros."

"El hombre aplazó la realización de su deseo. Descendió al valle de nuevo a esperar por la dispersión de las nubes, para que pudiera elegir su camino con más claridad."

"Pero esa no fue la verdadera causa de su disgusto. El pico más alto era invisible desde abajo, y se preguntó con amargura si su gran fatiga no había sido causada, después de todo, por un espejismo."

"¿Debería comenzar otro ascenso? Fue tal el trabajo duro que era mejor esperar. Ahora que sabía de qué lado debía subir para llegar a la cumbre, no había necesidad de preocuparse por ello. Además, ¿existía realmente una cumbre? E incluso si la había, podría no encontrarla, después de otra ardua escalada, debido a que desde abajo no se podía ver lo mismo que estando allí arriba."

"Pasaron los días y el momento propicio nunca se presentó. Al final el hombre murió en el valle luego de haber vivido una vida entretejida con remordimientos y las aspiraciones más crueles, porque él sabía muy bien que él no tenía la energía suficiente para satisfacerlas."

"Esto le sucede a menudo a aquellos que se asignan a sí mismos la perfección como el final de sus esfuerzos. Tan pronto como se imaginan que la han alcanzado, intentan tristemente determinar si no hay algo más a la izquierda para conquistar."

"Aquellos de entre ellos que se han convertido en sabios se obligan a sí mismos a simplemente alcanzar lo más alto, y pronto adquirieren un entusiasmo apasionado por su trabajo, pues su objetivo no está limitado sino que es grandioso e infinito."

"Uno debe tener lástima de los que creen haber "llegado", tanto como de los que están desesperados por llegar. El primero, pensando que no tiene nada más para lo cual pelear, pronto llegará a creer que no hay nada más digno de conquista."

"El combate aumenta nuestra energía, y se fortalece el deseo de vivir cuando uno teme morir antes de haber cumplido su tarea."

"Pero", preguntó alguien, "¿cuándo debe disfrutar uno de los beneficios de sus continuos esfuerzos?"

La respuesta estaba lista:

"De la búsqueda perpetua por lo más alto surge una serie de realizaciones, cada una de las cuales nos da la alegría y el orgullo de la conquista. ¿Acaso un comerciante deja de hacer negocios porque acaba de hacer un buen negocio? Mientras que aprecia las ventajas obtenidas en la transacción de esta meta largamente anhelada, él entrará a otra en la que se lanzará a sí mismo con entusiasmo, e incluso utilizará las ganancias de la transacción anterior para asegurarse la segunda negociación."

"Por lo tanto, debemos utilizar las fuerzas adquiridas, esas las ventajas obtenidas sobre nosotros mismos, para la realización de otro ideal, el cual, una vez alcanzado, nos permitirá seguir hacia otra meta que nos hayamos propuesto."

"A lo largo de las lecciones siguiente vamos a ir resueltamente hacia la luz; por encima de todo vamos a aumentar nuestras fuerzas psíquicas, ya que solo ellas nos pueden dar ese poder que emana de ciertos seres cuya dominación se ejercita de forma beneficiosa sobre los que los rodean."

"Del mismo modo que debido al calor del sol todos los granos y semillas que duermen en el seno de la tierra brotan y aumentan hasta convertirse en plantas para formar parte en la fiesta universal de la naturaleza, así mismo el poder de la influencia, siempre aumentada y disciplinada por acciones nobles en los corazones de los que están cerca de nosotros se abrirán a un deseo de lo mejor, propicio para el objetivo general de la humanidad: la felicidad."

Mediante la persuasión

LA PERSUASIÓN, según nos enseñó Yoritomo, se disfraza de dos formas distintas: una invade el alma como las moléculas invisibles de un bálsamo sanador vertido por una mano amable, que agradablemente se infiltra hacia nuestros sistemas, haciéndonos notar sus virtudes.

La otra forma podría ser comparada a los terribles vientos de los desiertos africanos. Si desde la primera hora en la cual uno siente su toque ardiente no ha buscado la manera de evitarlo encerrándose a sí mismo mientras pasa, bloqueando cada hendidura y agujero que no haya sido sellado antes, nada podrá escapar a sus ataques. La arena imperceptible invade poco a poco todas las esquinas de las casas, e incluso alcanza partes del cuerpo humano. Sin importar qué tan protegidos podamos estar, podría incluso penetrar los labios y ojos cerrados, y pronto, esta cosa casi invisible se apodera de todos los hombres y se convierte en su preocupación constante.

La persuasión con malas intenciones es mucho más peligrosa, porque sabe cómo disfrazarse con los atributos externos más atractivos. Esto es con lo que nos encontramos en la apariencia de los consejeros, cuyas palabras son siempre tentadoras, ya que adoptan la falsa apariencia de preocuparse por los demás. Con palabras sinceras y sonrisas comprensivas, estas personas, que la mayoría de las veces no tienen nada que hacer en la vida, tratan de arruinar las vidas de los demás sin tan siquiera sospechar del crimen que están cometiendo de manera inconsciente.

Usualmente estas son el tipo de personas que hablan aparentemente de buena fe acerca de la libertad para vivir la vida de uno mismo. Son los que buscan esa sensación agradable pero momentánea, sin tan siquiera pensar acerca de la posible amargura que podría traer el mañana.

A causa de todo eso tienen que aprender lecciones duras, a menudo están obligados a sufrir durante días y semanas para poder pagar por un solo día de placer sin preocupaciones; pero estos días son pronto olvidados, o su ligereza de carácter es tal que prefieren llevarse a sí mismos hacia problemas serios en el futuro, en lugar de hacer cualquier esfuerzo en el presente para evitarlos.

Aquí Yoritomo, siempre preparado para dar ejemplos, relató la siguiente historia:

"Una vez conocí a un hombre joven, el hijo de uno de mis amigos, que estaba sufriendo de cierta irresponsabilidad o ligereza de juicio."

"No era de mal corazón, pero su afeminación y falta de fuerza de voluntad hacían de él una compañía indeseable para personas tales como sus jóvenes amigos, cuyas almas no estaban lo suficientemente templadas por la práctica de una apelación continua a dominar la fuerza o a hacer uso de ella."

"Un día estaba llamando a uno de sus amigos, cuyo padre ocupaba una posición importante en el senado, y había enviado a su hijo a la casa de uno de sus colegas para averiguar el resultado de un debate en el que él no había podido participar."

"A propósito de una pregunta muy importante, de la cual un futuro favorable o desgraciado dependía; deseaba saber qué era lo que se había determinado en aquella sesión nocturna del senado."

"Sobre la marcha, el hijo del senador le confió sus

aprehensiones a su frívolo amigo. Para este joven hombre, estos importantes asuntos parecían algo sin importancia o incluso juego de niños, y se quejaba mucho acerca del aburrimiento que le provocaba el permitir que ese asunto arruinara una tarde en la cual ambos amigos se habían prometido mucho placer mutuamente."

"Su respuesta llenó al hijo del senador de consternación; la sesión nocturna había tenido lugar y los asuntos más importantes habían sido debatidos. Sus adversarios habían atacado al senador ausente con una gran amargura."

"Pero su amigo le dijo, "ya que estos contratiempos seguramente podrían arruinar el placer al que estamos apuntando durante esta tarde, ¿por qué arriesgarnos? Podríamos decirle a tu padre que la sesión no se llevó a cabo, ¡y que todo está yendo bien!.""

"El hijo del senador se resistió; dijo que no se atrevería a mentirle a su padre. Pero su amigo se volvió incluso más insinuante: "No será una mentira importante, y además, podrías tener la oportunidad de decir que entendiste mal lo que sucedía — de hecho, ¿realmente estamos seguros de que no ha ocurrido un malentendido?"

"Para liquidar las últimas dudas de su amigo, el joven pretendió recordar toda la reunión, analizando sus detalles e inventando otros. Mientras tanto, decía que dirían que varias personas los habían detenido y cuestionado; ¿no era eso lo que había ocurrido?"

"Dijo tanto de una manera tan persuasiva, que al final el hijo del senador deliberadamente le dijo a su padre que la sesión programada para ese día había sido pospuesta hasta el día siguiente. Bajo la influencia de esa persuasión maligna, no sintió ni el más mínimo remordimiento por haber mentido, y disfrutó de una velada maravillosa."

"Pero ¡ay! El día siguiente debe de haber sido terrible. Su padre y sus partidarios no llegaron a tiempo para frustrar los planes de sus enemigos; su desgracia estaba decidida, y la orden para que cometiera el hara-kiri (suicidio ritual) le fue enviada."

"Tras su muerte, sus efectos personales fueron confiscados y su hijo arrastrado hacia fuera de la miserable existencia del pobre ser cuya voluntad y dignidad no pueden ser consoladas."

El viejo filósofo no nos dijo si el amigo, causante de todos estos desastres, intentó solucionarlos ayudando a aquel al que había arruinado con su consejo detestable.

Pero es probable que, sintiendo en esta situación lo que otros sienten al estar conscientes de haber cometido acciones despreciables, haya seguido delante siendo indiferente ante estos sucesos, debidos únicamente a su ligereza de carácter. Esta es, de hecho, una característica común que existe en aquellos que son conscientes de su propia falta de habilidad para hacer incluso el mínimo esfuerzo para experimentar algún tipo de placer perverso al observar el fracaso de los demás.

Otra variedad de los agentes de la persuasión negativa son las personas a las que llamamos pesimistas, a quienes Yoritomo describe así:

"Uno debería huir de aquellos que han sido creados con una vida que recuerda a la quietud de la muerte. Sus almas están siempre en el estado en el que uno encuentra a un cuerpo en su tumba; cualquier tipo de esfuerzo les parece inútil, o más bien, prefieren demostrar abiertamente esa indiferencia con los gestos necesarios para obtener los logros que pretenden despreciar."

"¡Desprécialos de verdad! ¿Acaso no sienten una alegría más bien maliciosa al desmoralizar a los demás? Les gusta considerar a los hombres como fundamentalmente malos, y declarar que la inactividad de los muertos es el mejor de los placeres."

"Eso es cierto si únicamente nos referimos a aquellos que, como hemos dicho, viven como si estuvieran muertos. Estarían en lo correcto si tal vez uno considerara los placeres brutos y alegrías terrenales de la existencia."

"Pero, para aquellos que saben cómo ver, la alegría de vivir está presente en todas las cosas, y podemos saborearla incluso en medio de las más grandes aflicciones."

"¿Puede el dolor provocado por la pérdida, tan cruel como

pueda ser, evitar que admiremos la luz del sol en el momento en el que cuelga en el borde del cielo con un color violeta justo antes de hundirse detrás de los temblorosos abedules?"

"¿Puede cualquier dolor, sea cual sea, evitar que sintamos una delicada emoción al oír la dulce y fuerte voz de un barquero, cuya canción se pierde en la distancia cuando su liviana nave desaparece tras la dorada neblina de los grandes lagos?"

"La alegría de vivir palpita en todos lados alrededor nuestro; está en todo lo que nos rodea, y deberíamos reunir todas nuestras fuerzas para oponernos a aquellos que profesan la doctrina del pesimismo, porque cada vida, triste como pueda ser, merece ser vivida."

¿Acaso no escuchamos que los que hablan acerca de la lacra de nuestros días, la neurastenia[1] - que a menudo es sólo una de las formas más comunes del egoísmo de aquellos que son atacados por ella - no sólo se niegan a creer en la belleza y el bien, sino que dedican las últimas chispas de su rápidamente evanescente voluntad de convencer a otros de la inutilidad de todo?

¿Son siempre sinceros? ¿No lo hacen en una especie de rencor contra aquellos que son más expertos en el arte de vivir, y que despiertan su envidia al disfrutar de las bendiciones de la vida que su propia debilidad moral no les permite apreciar?

Cuánto más felices son aquellos acerca de quienes habla Yoritomo:

Aceptan con alegría el mal de la vida, y lo demuestran en su ferviente adoración de todo lo que es bello y bueno.

Estos, agregó, son los verdaderos sacerdotes de la persuasión

---

[1] La neurastenia, en psiquiatría, es un trastorno neurótico caracterizado por un cansancio inexplicable que aparece después de realizar un esfuerzo mental o físico. Suele tener como consecuencia una disminución en la eficiencia para realizar o resolver tareas cotidianas y, si se mantiene el trastorno durante un tiempo prolongado, puede llegar a causar trastornos depresivos o de ansiedad.

favorable. Ellos conocen, por la autoridad de su propia convicción, la manera de dar valor de nuevo a los débiles y fe a los incrédulos.

Por la virtud de la persuasión, alcanzan a desterrar los dolores de los enfermos, que casi siempre aceleran por sí mismos la aparición de padecimientos imaginarios. Ellos saben qué palabras decir para reforzar la voluntad débil, y para dar a aquellos que sufren dolor real el valor para soportar los males que la comprensión y la atención han hecho más llevaderos. Son, en resumen, verdaderos sanadores.

La persuasión hacia la salud es la mejor de las panaceas, ya que nadie niega la influencia de las cualidades morales en la salud física. Una vez conocí a un hombre que, bajo la influencia de una idea fija, estaba a punto de morir. Se imaginó que, al tomar agua de un charco, se había tragado una serpiente, diminuta al principio, pero que cada vez se volvía más grande dentro de su cuerpo, causando estragos internamente, por los cuales comenzó a sentir que estaba a punto de morir.

Sus amigos me habían contado acerca de su singular caso, y me dijeron lo preocupados que estaban al ver a este pseudo-inválido desvanecerse día tras día. Tenía curiosidad por verle; así que fui a su encuentro. Me hallé con un verdadero inválido, de aspecto muy enfermo, con facciones hundidas, y que apenas podía moverse a sí mismo. Presionando su pecho, él nos dijo que la serpiente estaba devorándolo. Sus amigos al principio se rieron de él, y parecían creer que todo iba a resultar en una broma, pero juzgué que el mal moral en él era demasiado severo como para tratar de calmarlo mediante la razón.

La persuasión por sí sola, sobre la base de una prueba real o imaginaria, con la ayuda de la sugestión, podía salvar al hombre. En lugar de reírme con los demás, yo fingía creer que estaba realmente enfermo, y le pedí que me contara su historia, a la que yo escuchaba con profunda atención. Para su gran asombro, yo lo comprendía en su problema, y le conté sobre de uno de mis amigos, un famoso curandero, que estaría encantado de tratar a algún enfermo e intentar salvarlo.

Dos días más tarde regresé, en realidad llevando conmigo a

un médico a quien yo le había dicho de esta extraña manía, y que me había prometido su asistencia, ya que era indispensable tener cerca a alguien que pudiera hablar con autoridad con el fin de impresionar la mente del enfermo. Examinó cuidadosamente al paciente, le prescribió ciertos medicamentos, y se retiró, sin decir ni siquiera una palabra esperanzadora.

Entonces comenzó mi parte, la de un psicólogo. Hice como que iba a decirle la verdad absoluta, por brutal que parezca. El médico había descubierto más allá de toda duda la presencia de la serpiente dentro de su cuerpo, y había recetado ciertos medicamentos para probar. ¿Tendría éxito? No se atrevía a afirmarlo.

Pasaron varios días, alternando el estado del paciente entre el temor y la esperanza; indicaciones que había seguido al pie de la letra. Finalmente, un día el médico declaró que estaba a punto de hacer una prueba decisiva, y que existía una gran esperanza de que el resultado de ella fuera favorable.

Yo había sabido tan bien cómo ser persuasivo, y había entendido tan bien cómo rodear al paciente con sugestiones correctamente escondidas, que ya no rechazó la idea de una posible la cura, y cuando después de tomar ciertos medicamentos que le indujeron a vomitar libremente, le mostramos la serpiente que él creía que había vomitado, nuestro enfermo se encontró curado de repente.

Después de esto, si este hombre llegaba a sentir de nuevo dolor o molestias de cualquier tipo, las atribuía a los estragos causados por la serpiente, y, como la causa original del dolor ya no existía más, el mal no tardaba en desaparecer.

Este caso demuestra que una de las condiciones necesarias para tener éxito en el arte de persuadir no es atacar groseramente las convicciones que uno desea eliminar. Esto casi no requiere de una explicación; pero para persuadir a alguien es necesario merecer su simpatía, pero bueno, nunca se gana la simpatía de aquellos cuyas opiniones no compartes.

Por lo tanto, con el fin de persuadir con éxito, uno debe desterrar las sospechas y saber escuchar. No hay que olvidar el egoísmo profundo que caracteriza a todos los enfermos imaginarios; están tan sumidos en sí mismos que sus males parecen adquirir una gran importancia.

No pueden admitir que no todo el mundo está interesado en sus dolores y molestias, y la importancia que se dan a sí mismos es uno de los factores que promueven el desarrollo de su enfermedad. Porque es indiscutible que todas las emociones morales tiene una repercusión inmediata sobre el estado físico. El ser capaz de convencer a un paciente de que está curado, en la mayoría de los casos, es liberarlo de su mal; siempre se debe ir atenuando la cuestión infinitamente, ya que lo que se busca es ahorrarle el malestar moral al enfermo, que es lo que genera fundamentalmente todos los males corporales.

Sin embargo, Yoritomo no se detuvo aquí en su tarea de instruirnos acerca de los beneficios de la persuasión; sino que extendió sus comentarios a los desgraciados que son atacados incluso por las dudas acerca de lo que es la felicidad, y lo explicó con la siguiente parábola:

Un joven señor estaba pasando un día a lo largo de la carretera cuando su palanquín[2] se golpeó tan fuertemente contra el suelo que se rompió en pedazos. Miró fijamente los restos del transporte por un momento, y luego ordenó a sus sirvientes ir en busca de uno nuevo, y se sentó junto a la carretera para esperar a que lo trajeran.

Un hombre pobre que pasaba por ahí se detuvo y habló con él sobre el accidente: "¿Y qué harás con estas piezas?", preguntó.

"Bueno, nada.", contestó el hombre rico. "Las dejaré donde están."

"¿Entonces, me permitirás llevármelas?"

"Sí, ya que no las quiero."

---

[2] El Palanquín fue muy usado en la India y Oriente, consistía en una litera cubierta que podía albergar un pasajero, algo parecido a una gran caja, que contenía dos postes horizontales y era acarreada por cuatro o seis portadores.

El mendigo se puso a trabajar; reajustó las tablas, limpió las manchas de suciedad de los bordes en el arroyo cercano, y lo hizo tan bien, que a la tarde el palanquín, aunque un poco deteriorado, estaba sólido y en condiciones de volver a ser usado nuevamente.

En ese momento, los portadores regresaron. No habían sido capaces de encontrar un palanquín que no fuera extremadamente liviano y frágil, por lo que habían vuelto con las manos vacías.

Entonces el mendigo intervino y ofreció "su" palanquín. El joven señor alegremente le pagó una gran cantidad de dinero al mendigo para poder usar el artefacto durante varias horas, aunque en realidad le pertenecía a él.

Y eso, añade el viejo filósofo, simboliza la experiencia de muchas personas, que no entenderán que una felicidad destruida podría llegar a ser una bendición, si uno sabe cómo reunir las piezas de lo que ha sido roto.

En lugar de lamentarse por lo que se ha quebrado y dejarlo al costado del camino, esperando a lo que pueda venir, ¿no es mejor hacer como el mendigo y buscar en la desgracia algún tipo de seguridad en la cual confiar?

Es en tales ocasiones que el poder de la influencia entra en juego. Con el fin de persuadir a los hombres de que es más fácil para ellos trabajar en la construcción (o reconstrucción) de la felicidad que está cerca de ellos, el poder psíquico es más necesario de lo que sería a la hora de llevarlos a vivir aventuras imaginarias.

Pocos hombres no se sienten atraídos por la magia del "volver a empezar", ¡y cuantos de ellos confían en la suerte, a la cual se podría decir que adoran!

¿Cuándo podrán convencerse de que, para los que conocen el poder de la influencia, que desarrolla una voluntad firme y un fuerte pensamiento, la suerte nace principalmente de las circunstancias creadas por nosotros mismos? Casi siempre somos los arquitectos de nuestra propia fortuna; está en trabajar en ella sin descanso el hecho de que podamos modelarla de acuerdo a nuestro deseo, si no en su totalidad, al menos en una forma aproximada.

Es por creer firmemente que vamos a alcanzar el más alto poder, que adquiriremos las cualidades que hacen de un hombre casi más que un hombre, ya que le permiten gobernar y someter a aquellos quienes lo rodean. ¿No podríamos decir que aquí Yoritomo presentó al "superhombre" de Nietzsche, y acaso no encontramos en todas estas teorías, algunos derivados de la frase moderna "la mente sobre la materia"?

¿De qué manera se produce esta evolución? Y por sobre todo, ¿cómo puede uno obtener esos cuasi milagros? ¿Cómo debería esforzarse uno para obtener lo que se desea, y qué cualidades, subjetivas o materiales, son necesarias para poder obtener esa magnífica ambición de conquistar las mentes de los hombres?

Mira con atención lo que nos dice el Shogun en los siguientes capítulos.

La influencia de la mirada

Pocas personas pueden evitar la influencia de la mirada humana. Si se ve imperiosa, subyuga; si es tierna, conmueve; si es triste, penetra al corazón con su melancolía.

Pero esta influencia no puede ser fuerte y real a menos que esté causada por el pensamiento que se desarrolla detrás, que es lo que mantiene y fija esa mirada, al comunicar la expresividad a los ojos, sea terrible o agradable, persuasiva o desafiante, y que sola puede mantener la firmeza y la perseverancia de las fuerzas activas que existen en nuestro cerebro.

Algunas personas, dijo Yoritomo, poseen una mirada naturalmente fascinante; usualmente son aquellos que pueden mantener la vista fija durante un largo período de tiempo sin pestañear.

Pero no basta con ser capaz de mantener una mirada persistente causando un malestar, que casi siempre tiende a estar dirigida a la sumisión de espíritus más débiles.

Esta mirada debería ser la proyección de un pensamiento en el cual la forma fija es definida lo suficiente como para que su influencia penetrante se convierta en algo eficaz.

"Pero", alguien dirá, "no siempre es necesario pensar, ya que varios animales poseen este poder de la fascinación, como la serpiente, la cual mantiene a un pájaro inmóvil bajo el poder de su mirada con el fin de que ni se le ocurra usar sus alas para escapar de su enemigo."

Pero aunque el pensamiento consciente no exista en el animal, éste está sin embargo respondiendo a un instinto de manera activa.

Hay una fuerza invisible en el cerebro de la serpiente que la impulsa a tomar posesión de su presa, y esa fuerza, manejada por un poderoso instinto, determina una compulsión, que en las criaturas más débiles es suficiente para paralizar cualquier inclinación a resistirse.

Pero la serpiente no monopoliza este privilegio de la fascinación, si uno cree en ciertas crónicas francesas antiguas.

En el viejo libro publicado por Rousseau en el siglo diecisiete, se relata que a un sapo, encerrado en un frasco del cual no podía salir, se le hacía difícil soportar la fascinación del ojo humano; al principio, sintiendo un evidente malestar, trató de escapar; entonces, cuando fue convencido de que era imposible, retornó a su postura original, ahora devolviendo la mirada fija a su observador, lo cual terminó por ocasionarle la muerte.

¿Es necesario darle más fuerza a la historia, añadiendo que un día un sapo, más fuerte y más irritable que los anteriores, clavó sus ojos tan largamente sobre los de un hombre, que éste último realmente sintió la influencia de la criatura, desmayándose a causa de la implacable dureza de su mirada?

No creo que tales experiencias hayan sido establecidas de manera oficial, pero después de todo es interesante concluir que bajo la influencia de un pensamiento instintivo, la mirada de un animal puede obtener un extraño poder. La mirada del hombre, cuando es impulsada por un pensamiento activo y razonable, puede ser un factor importante a la hora de sugestionar utilizando la influencia.

"Para convencer a un adversario", dijo el filósofo japonés, "uno debe mirarlo directamente a los ojos. Pero sería muy estúpido y típico de alguien inexperto usar este método sin discreción."

Algunos verían en ello únicamente insolencia, y su irritación evitaría que sintieran la influencia completa de la mirada; otros sentirían un cierto malestar que provocaría que desviaran los ojos hacia otro lado antes de haberse sometido por completo a la influencia del observador, y eso podría causar que no quisieran restablecer un contacto con esa persona que los impresionó de una manera tan desagradable.

La mejor manera de empezar a usar la mirada para influenciar es hablar acerca de asuntos que no levantarán sospechas por parte del interlocutor.

Uno debería presentarse a sí mismo de una manera sencilla y tranquila, y escuchar sin mostrar ningún signo de impaciencia a causa de cualquier objeción que la persona pueda hacer; algunas de ellas podrían ser precisas, y sería algo poco sabio combatirlas.

Es algo innecesario añadir que la mínima prisa, que desplazaría el foco de atención del pensamiento hacia otro lugar, sería algo perjudicial y podría causar un grave daño al éxito que estamos buscando.

El exceso de modestia debería ser evitado, ya que la transmisión de los pensamientos – y en consecuencia de la influencia – depende de nosotros.

La timidez es siempre un obstáculo a la hora de influenciar mediante la mirada, la cual (en este caso) debería ocurrir en el primer intercambio de miradas, siendo directa, franca y dirigida hacia los ojos del interlocutor, por encima del puente de su nariz. De esta manera se evita el contacto directo pero se simula una mirada dirigida a los ojos.

Una vez que la batalla concluye, uno debería retirar sus ojos sin darle demasiada importancia; especialmente se deberían evitar los ojos del oponente (así es como lo llamaremos) durante los primeros minutos de conversación, para evitar que éstos tomen cualquier tipo de control sobre los tuyos; uno debería fijar de alguna manera su vista, sin permitir que los ojos del otro posean a los nuestros.

En pocas palabras, aquel que desea influenciar a otro con su mirada, debe tomar el mayor de los cuidados para no dejar que esa persona sospeche de sus planes, lo cual podría ponerlo inmediatamente a la defensiva, inutilizando todos tus esfuerzos.

"Una vez conocí a un hombre joven llamado Yon-Li", añadió Yoritomo, "que solicitó la ayuda de un Daimio[3] con la intención de que éste hiciera las veces de mediador entre él y uno de sus amigos. Siendo estrictamente fiel a la verdad, debería decir que el objetivo de tal solicitud no era enteramente desinteresado, ya que el joven deseaba que el Daimio concluyera una transacción que afectaba a sus propios intereses."

Además, el amigo le había prometido una buena suma de dinero a Yon-Li si él tenía éxito al influenciar a aquella persona importante hasta el punto de aceptar tal solución.

Durante un largo tiempo el joven había practicado ejercicios para el desarrollo de la influencia psíquica, y creía que había llegado a un punto en el cual uno está seguro de sí mismo.

Entró al recinto e inmediatamente arrojó una mirada sobre el Daimio, la cual éste último consideró algo extraña, por lo cual intentó adivinar la causa de tal mirada, que se convirtió en un atisbo casi agresivo, determinado a dominarlo.

El Daimio era un hombre de voluntad fuerte, que había ejercitado durante un largo tiempo sus poderes de penetración.

No tuvo grandes dificultades para descubrir el motivo que movilizaba al joven Yon-Li, y se le ocurrió la idea de luchar contra él con sus propias armas.

Teniendo el cuidado de evitar mirar las pupilas de su visitante, fijó sus ojos en él de la manera en que describimos anteriormente, concentrando su mirada en la parte superior del

---

[3] El daimyō (大名), era el soberano feudal más poderoso desde el siglo X al siglo XIX dentro de la historia de Japón. El término "daimyō" significa literalmente "gran nombre." Este rango ha tenido una larga y variada historia. El término "daimyō" es utilizado también en ocasiones para referirse a figuras de liderazgo en los clanes, también llamados "señores."

puente de su nariz, enfocando sus pensamientos fuertemente en la idea de dominarlo.

El joven amateur no estaba preparado para recibir un ataque más poderoso que el suyo, por lo que su audaz seguridad vaciló un poco, y bajo la influencia de esa mirada penetrante pestañeó, bajó sus párpados, y pausadamente retiró su mirada.

Fue vencido, y planteó su cuestión ante el Daimio con nerviosismo e inseguridad. No fue escuchado ni atendido, y además había tenido que soportar la vergüenza de confesar con la mirada, aunque contra su voluntad, sus intenciones maquiavélicas.

Yoritomo añadió:

"La influencia de la mirada es innegable; su poder oculto puesto en marcha por la fuerza del pensamiento es el resultado de la acción de las fuerzas que nos rodean, combinadas con nuestra propia fuerza vital.

Uno no debería usar estas fuerzas sin cuidado. Está bien usarlas, especialmente como armas, de manera ofensiva o defensiva, en la gran batalla que termina por ser ganada con la sabiduría y el conocimiento de la propia naturaleza humana."

Pero así como cuando Yoritomo nos instruyó para adquirir energía, o cuando nos enseñó a superar la timidez, no se conformó con simplemente proferir preceptos; nos mostró métodos mediante los cuales podríamos adquirir los preciosos beneficios que él exaltaba.

Para obtener esa autoridad en la mirada, la cual es una de las primeras condiciones en el estudio para adquirir dominancia mental, ciertos ejercicios son necesarios. Por ejemplo, es bueno poner una vara de bambú sobre una hoja de papel vitela[4],

---

[4] El papel vitela (del francés antiguo Vélin, por "cuero de novillo") es un tipo de pergamino, para hacer las páginas de un libro o códice, caracterizado por su delgadez, su durabilidad y su lisura. El término también puede hacer referencia a un manuscrito o libro escrito en ese material.

ubicarse a unos pasos de distancia de ella, y mantener la mirada fija sobre el bambú sin permitir que el ojo se distraiga con la hoja de papel vitela. Uno debe usar toda su fuerza de voluntad para evitar el parpadear.

Este ejercicio debería comenzar con un conteo hasta veinte, después hasta treinta, incrementando la enumeración hasta doscientos, lo cual es suficiente. Cuando uno pueda realizar este ejercicio fácilmente, habrá llegado el momento de pasar al siguiente, un poco más complicado.

Habiendo hecho un agujero en la hoja de papel vitela, teniendo sumo cuidado, de tal manera que los bordes de la apertura sean prolijos y de corte limpio, se debe fijar la mirada en esta apertura durante uno, dos, tres minutos, o incluso más si es posible.

También es bueno posicionarse delante de una superficie brillante y suave, preferiblemente estaño pulido (si no se tiene una de plata u oro), y buscar en ella la reflexión de los propios ojos de uno.

Hunde tu mirada en las profundidades de tus ojos, desde el principio este representará un buen ejercicio para cuando llegue la hora de someter la voluntad de los ojos de los demás a tu mirada.

En esta situación, mueve la cabeza de derecha a izquierda, y después de izquierda a derecha, sin perder la firmeza o el poder de la mirada. Se debería evitar guiñar los ojos y el bajar los párpados, y se debería practicar mantener miradas firmemente frente a otras personas.

Pero todos estos ejercicios serían hechos en vano si a la hora de ponerlos en práctica no sabes cómo concentrar tu mente en una única persona. ¿Cuánta influencia puedes ejercer o aplicar sobre los demás si no sabes cómo dominarte a ti mismo?

La unidad del pensamiento es algo indispensable durante el desarrollo del uso de la mirada, si parece demasiado difícil mantenerla fijada en un único punto, entonces sería bueno utilizar ciertas maneras de sugestión, como la siguiente:

Primero, cuenta hasta diez con la sencilla idea de hacerlo lentamente, permitiendo que transcurra la misma cantidad de tiempo durante la pronunciación de un número que en el descanso antes del siguiente.

En segundo lugar, cuenta tus dedos por tandas de aproximadamente sesenta veces, contándolos en un tono grave de voz, sin perder de vista el punto en el que te has enfocado.

Uno podría contar al principio hasta cinco o diez; pero después incrementa esta cantidad, preocupándote por empezar todo otra vez si te encuentras con que la propia atención se ha dispersado o que mientras se pronunciaban los números te has distraído, o incluso si sólo durante un instante se desvió tu mente del objeto de tu propósito.

Pero esto no es todo; tan pronto como uno ha adquirido las cualidades deseadas del cultivo del poder de la mirada, debería empezar a experimentar con ellas. Y acerca de esto, aquí está lo que nuestro filósofo nos aconseja:

Cuando hayas conseguido la maestría del uso de la mirada, y hayas aprendido cómo enfocar tu mente, prueba el poder de tus ojos sobre alguna persona en medio de un grupo de gente.

Primero, elige a alguien cuya cara denote un carácter más débil que el tuyo, y fija tu mirada en la parte posterior de su cuello, con un único pensamiento, que debería invadir su mente, provocándole un deseo muy poderoso de darse vuelta.

Si tu influencia ha sido ejercida exitosamente, tras un cierto período de tiempo, verás que este individuo comenzará a inquietarse, y después a mover un poco su cabeza, como si estuviera intentando sacudir un mal pensamiento fuera de su cabeza; finalmente, pondrá su mano sobre el punto en el que tu mirada ha sido enfocada, y entonces, contra su voluntad, se dará vuelta.

Este experimento puede ser ejecutado sobre todo tipo de sujetos, y siempre tendrás éxito si sabes cómo envolver a tu víctima y generar una corriente mental poderosa para que se combine con el poder de tu vista.

Podrás imaginarte entonces, hasta qué punto esta facultad podría ser de utilidad en las circunstancias ordinarias de la vida; es el secreto de aquellos a los que llamamos personas fascinantes, a las cuales nadie se puede resistir, y que saben cómo obtener lo que sea que deseen simplemente determinando qué placer les proporcionaría la obtención del objeto deseado; porque saben bien que al concentrarse en esa mente ajena fuertemente pensando en lo que van a pedir, la mente del interlocutor, rindiéndose ante una influencia mental, se presta fácilmente para cualquier tipo de pedido, especialmente si la dominación de la mirada aumenta su convicción al crear en él un estado psíquico que lo obliga a someterse a su poder.

Estos preceptos eran aquellos que utilizaba otro domador de espíritus, Mahoma, quien dijo:

"El efecto de la mirada humana es indudable. Si hay algo en el mundo que pueda movilizarse más rápido que el destino, es ella."

A partir de ese dicho, fuertes supersticiones se han originado, contra las cuales el Shogun nos advierte:

Una de las razones, dice, que nos impulsan a cultivar la parte influyente de la mirada, es la necesidad de estar lo mejor preparado posible en potenciales situaciones que involucren a ciertos tipos de personas que creen haber heredado poderes ocultos de magos.

Un hombre bendecido con una voluntad fuerte no tiene nada que temer de estos mentirosos sin vergüenza; pero una persona sensible e impulsiva, que no sabe cómo ser asertiva y dominar a los demás, se convierte en presa fácil; y las sugestiones provenientes de estos miserables al someterse a sus voluntades, pronto la conducirán a una mala fortuna.

Yoritomo añadió que además, aquellos que puedan desear usar su influencia sobrenatural para hacer que otros cometan las acciones equivocadas, pronto serán castigados con la pérdida de esa influencia, que se desarrolla de buena manera sólo cuando actúa a partir de un pensamiento benéfico. En esta situación es aplicable el dicho que reza:

"Los malos pensamientos acerca de los demás son varas con las cuales nos golpearemos a nosotros mismos algún día."

A través de la claridad en el discurso

La palabra es la manifestación más directa del pensamiento; por lo tanto es una de los agentes más importantes de la influencia. Cuando se envuelve en un manto de precisión y claridad, la influencia es indispensable a la hora de crear convicciones en las mentes de los que nos escuchan.

¿No fueron las palabras ardientes de Pedro el ermitaño la única causa de la puesta en marcha hacia la búsqueda de la tumba de Jesús? ¿Y no fue eso debido especialmente a que ese monje creía firmemente estar siendo impulsado por una voluntad divina que le daba la certeza de que sabía cómo hacer que su creencia fuera compartida por miles de hombres de todas las clases, ricos o pobres, que bajo la influencia de sus palabras todos poseían una sola alma, impregnada con sentimientos de piedad heroica que los instó a teñir las arenas de Palestina con su sangre?

¿En qué argumentos basaba sus palabras este monje? Únicamente en tres pero poderosas palabras, si uno considera la mentalidad y la peculiar religiosidad de esa época: "¡Dios lo desea!"

"¡Dios lo desea!" Estas palabras fueron las primeras en

declarar ante las masas ignorantes, la influencia todopoderosa de Pedro. A los ojos de los plebeyos, este hombre, que les transmitía la voluntad del Más Elevado, asumía las proporciones de un mensajero divino, una especie de profeta en comunicación con el Maestro de Maestros, que planeó dictarle a él Sus órdenes.

Para otros, esas palabras significaban el fin de las discusiones mediante el uso de ese argumento, el cual no podía tener respuesta alguna; era para excusarse a la hora de extenderse fatigosamente acerca de asuntos desconocidos como la muerte. ¡Dios lo desea! Cuán en vano resultaban ser todos los demás discursos después de estas tres palabras, las cuales obtenían reverencias de parte de todas las cabezas bajo la fuerza de la dominación divina, así como el trigo se dobla con los vientos fuertes.

Yoritomo habla como un verdadero sabio, cuando dice:

"Los líderes espirituales no deberían olvidar lo siguiente: la demasía en la riqueza de las palabras resulta ser hostil a las convicciones."

Y, aludiendo a un proverbio japonés, el cual es muy similar a uno de nuestros más conocidos proverbios, añadió:

"Si un discurso es como el jade, el silencio es como un diamante."

"El discurso es como un diamante cuando emana de un pensamiento concreto, y cuando se presenta a sí mismo de una manera calma, enviando sus sugestiones de una manera entendible y clara, mediante la manera particular del orador de presentarse a sí mismo."

"Un discurso prolífico es el medio de expresión de un pensamiento poderoso — de aquel pensamiento del que deberíamos ser el maestro y no sus esclavos."

"El discurso es la semilla, positiva o no por naturaleza, que dependiendo de cómo sea sembrada, podría llegar a producir tanto ortigas como trigo."

También podría llegar a ser la "idea fija" que se supone que debe ser implantada en todas las mentes débiles. Supón que alguien haya sido dotado con el poder de la iniciativa, pero con una voluntad quebradiza:

"Serás bueno, porque la bondad es el fin supremo de la vida"; si esa orden es acompañada por la mirada dominante de la que hemos hablado, y pronunciada en un tono de voz que impresione, no hay duda alguna de que estas influencias producirán tal efecto, que aunque el oyente no lo quiera, sentirá la influencia del bien emanando de sí mismo hacia sus pares.

Esto podría parecer muy misterioso al principio, pero la brevedad y la precisión se implantarán a sí mismas poco a poco en el cerebro del oyente, cuyas fuerzas pasivas, siempre sometidas a influencias confusas, determinarán en cierto momento que emerjan fuerzas activas desde el fondo, las cuales hasta ese momento habían permanecido escondidas.

Pero si uno expresa esta profecía en algún momento antes de ser afligido por una debilidad moral: "Serás un criminal"; la idea, originalmente rechazada con horror, terminará por establecer en el cerebro del oyente una idea, primero de la imposibilidad de la sugestión, pero después, a medida que es más frecuentemente evocada, se convierte en algo menos monstruoso, y la persona termina por mantener una actitud ambigua ante ella. Hasta que finalmente un día, manipulado por el enojo o una pasión violenta, la persona termina por cumplir con la "profecía", incluso contra una tentación frente a la que originalmente no habría reaccionado, de no ser por haber tenido fijada en la cabeza la idea de que el "destino" tenía algo preparado para su vida.

"Esa es la razón por la cual," añadió el Shogun, con su infinita sabiduría, "uno no puede culpar, como a la profecía, a los padres que castigan a sus niños por actos reprensibles que casi ni pueden evitar cometer."

Y luego añadió:

"Aquellos que piensan curar a sus hijos de ciertos males más o menos característicos repitiéndoles: "Morirás bajo el látigo de tu ejecutor", son a veces los causantes involuntarios de esa ejecución."

Para fortalecer la idea de un tan lúgubre destino en los pequeños, los familiarizan con ella, y ahondan en sus horrores.

Y entonces ponen en peligro su autoridad ante sus hijos, porque ellos, al ver a sus padres llenos de sentimientos amables y expresando ternura hacia ellos al día siguiente, seguramente se tomarán a la ligera la terrible amenaza que les fue hecha anteriormente.

Podría suceder que los pequeños sean impactados por esa amenaza, y probablemente sean desafortunados en su futuro, ya que, una vez implantada la idea en sus cerebros, se verán maravillados ante la serenidad de sus padres, quienes pueden admitir la posibilidad de un tan terrible destino, pero sin embargo siguen viviendo pacíficamente con la vista de la amenaza que representa el futuro de sus hijos.

En todos los aspectos, la autoridad de las cabezas de familia se verá disminuida, y la semilla sembrada en el corazón del niño a causa de la profecía imprudente no fallará en producir malos frutos.

Será incluso algo mucho más peligroso si se resumiera en pocas palabras, esas palabras que marcan y generan imágenes mentales, que echan raíces en el cerebro.

Los discursos largos únicamente tienen un efecto represor en el espíritu.

Los oyentes, dotados de voluntad y discernimiento, pronto se rinden intentando distinguir las verdades que son pronunciadas entre esa masa confusa de palabras, que cae como una avalancha sobre sus oídos con la monotonía de los copos de nieve.

Sucede lo contrario a lo que piensa el orador, ya que los oyentes se fuerzan a sí mismos a alejar sus pensamientos de este caos de palabras, en el cual la confusión es tan grande como el aburrimiento.

Para otros, la debilidad de su atención no les permitirá seguir la misma idea por mucho tiempo, y, siendo todo esfuerzo doloroso para ellos, no seguirán al orador en los laberintos de pensamiento por los que los está conduciendo.

Pero aquellos que saben como presentar sus pensamientos en unas pocas frases, en un modo que los impresione a sí mismos o a sus oyentes, pueden convertirse fácilmente en líderes de las masas.

La primera cualidad que debe poseer el disertante que quiere convencer a los demás, tiene que ser el pensar profundamente acerca de lo que desea decir.

Tan pronto como el orador descubra cómo transformar sus pensamientos en imágenes claramente visibles y delineadas, cuyos contornos no admitirán lugar a dudas, será cuidadoso al proyectarlas sobre las mentes de otros bajo la forma de luces y sombras.

Ya hemos visto cómo el poder del pensamiento tiene la capacidad de influenciar a otros, particularmente cuando esa fuerza está apoyada por el poder de la mirada; cuando esas dos facultades dominantes son incrementadas aún más por el poder del discurso hablado, los oyentes son conquistados por las ideas que son presentadas ante ellos.

Aquellos que adquieran estos dones se darán cuenta de que pueden atraer a los demás seres humanos, y generar apego de parte de ellos hacia sí mismo; en pocas palabras, podrán liderarlos mediante la influencia que les asegurará un imperio mental por sobre la mayoría de sus contemporáneos.

"Es necesario, también," continuó el Shogun, "basarse en la teoría de que lo semejante atrae a lo semejante, a la hora de expandir esa radiación de influencia, que debe acumularse y dirigirse hacia grandes números de almas para iluminarlas."

Es destacada la facilidad con la cual la gente sigue a los impulsos nobles, características heroicas y arranques de generosidad.

El orador sería culpable entonces, si confiara en la calidad mental inferior de sus oyentes para simular que se pone a su nivel, para simpatizar.

Esto es culpa de muchos (demasiados) oradores que buscan aparentar reunir lados menos nobles del espíritu popular.

El motivo que dan – yo diría que es casi una excusa – para comportarse de esa manera, es que si uno se rebaja al nivel de sus oyentes de clase popular, es mejor escuchado y entendido de una manera más rápida.

Ese es un grave error. ¡Cuántas veces he pronunciado pensamientos nobles en medio de una masa de personas de mentalidad mediocre!

Como mis pensamientos siempre fueron expresados en un lenguaje claro y exacto, formado por palabras que todos pudieran comprender, en todas las oportunidades que se me han presentado, he tenido el placer de ver vibrar a la multitud como un arpa tocada por una mano experta, y de sentir por un momento que las almas de hasta los más pobres portadores de palanquín se veían elevadas bajo la influencia de mis palabras, que estaban adaptadas a partir del más puro ideal.

¿No es a eso a lo que deben aspirar aquellos que se han dedicado a sí mismos al arte de influenciar a los demás?

Es mediante el discurso que uno desarrolla la emoción, generadora de gestos nobles y de realización generosa.

El discurso es el distribuidor de los pensamientos que nos rodean, cuyas reiteradas sugestiones, tras impregnar ciertos grupos de células en nuestro cerebro, viajan por afinidad a impregnar a los mismos grupos de células cerebrales de nuestros oyentes.

Una de las razones por la cual nunca es bueno explayarse demasiado en un tema es para permitir que los cerebros más débiles de la audiencia descansen.

Sin embargo, es un hecho indudable que ir saltando de una persona a otra, dejándolos únicamente para atacarlos nuevamente después, como hacen algunos oradores, es más cansador y menos satisfactorio, ya que las mentes, cansadas por esa continua práctica, tienden a dejar de seguir la corriente de pensamientos furtivos que el orador emite y, después de esperar en vano por un descanso en el discurso, se rinden de intentar seguir la elevada imaginación de la persona que está hablando.

Otro tipo de orador a ser temido es aquel que tiene devoción por las charlas ociosas y los chismes.

Uno podría, si se lo toma en serio, corregir a esas personas de esta manera: escuchar su discurso, resumirlo, y en diez minutos repetirles todo lo que a ellos les tomó una hora decir; y con "todo" uno debe entender que esto se refiere a las ideas y no a las repeticiones inútiles de ellas.

¿Pero corregirán sus modos de actuar? Tal vez hagan como cierto lord, que habiéndose enterado de que su vecino estaba muy enfermo, lo visitó, y habló incesantemente durante su visita, sin dejar que el enfermo diera tan siquiera una palabra en respuesta. Entonces dijo, cuando se estaba yendo:

"Volveré mañana para ver cómo estás, porque temo haberte cansado mucho con lo mucho que he hablado hoy."

Por lo tanto, el ser claro y conciso al hablar es una gran fuerza que actúa en el proceso de influenciar, la cual es una noble tarea para aquel que la toma con seriedad.

La moderación debe estar entre las cualidades de aquellos cuyo objetivo es accionar mediante la palabra para dirigir el foco de atención hacia un pensamiento principal, el cual, excluyendo a todos los demás pensamientos accesorios, debería ser impuesto sobre las mentes de los oyentes por el orador que desea extender su influencia sobre ellos.

La discreción es igualmente indispensable a la hora de generar influencia mediante el discurso.

De la indiscreción a la mentira hay un corto paso, y uno no debería olvidar este precepto que debería estar escrito en caracteres hechos de jade en hojas del oro más puro:

"La mentira es un homenaje que la inferioridad le hace inconscientemente al mérito verdadero."

Bandas de metales preciosos deberían ser colgadas en las paredes de los salones, reemplazando de una manera más comprensible para todas las mentes, los jarrones cubiertos llenos de rosas que adornan las mesas festivas.

Y Yoritomo nos recordó también esa costumbre antigua que

creíamos peculiar en los sabios griegos, y que según parece, fue iniciada hace siglos por los filósofos del lejano este:

Harpócrates, el dios a quien los griegos adoraban bajo la forma del silencio, le había regalado una flor al Dios del Amor, que viniendo de sus manos, representaba la virtud que se suponía que él representaba.

Ese regalo fue hecho para animar al desenfrenado niño a guardar los secretos de su madre, Venus, ya que sabemos que el Amor siempre estaba listo para revelar los secretos de aquellos que eran atacados por sus llamas.

Ese acto del dios griego fue imitado primero por los sabios de Grecia, y después por los filósofos japoneses; y en todos los banquetes aparece al menos un jarrón cerrado, cuya tapa no debe ser levantada.

Ese jarrón protege a las rosas, cuyo perfume se filtra a través de las rendijas del recipiente, permitiéndole a uno adivinar lo que hay dentro.

Se acostumbraba pedirle a los invitados no comentar nada de lo que se discutía en esas reuniones en el mundo exterior.

Más adelante, la costumbre se volvió algo general, y comenzó a ser practicada por gente ordinaria. Fue así que el jarrón cerrado y lleno de flores se convirtió en una advertencia constante para los invitados, para que usaran la discreción, y para que no dejaran que nada de lo que haya sido dicho bajo la influencia del vino se escape hacia fuera de la reunión.

Nuestro humor moderno ha inmortalizado esta costumbre en la forma de un dicho que está en boca de todos, pero del cual pocas personas conocen el origen; las personas a menudo dicen acerca de alguien que ha revelado secretos: "¡Ha destapado la jarra con rosas!"

La etimología de este concepto es algo conocido por pocos, pero sin importar de qué se trate, estamos agradecidos a Yorimoto por recordárnoslo al conectarlo con una de las lecciones que nos ha enseñado, la cual, disfrazada bajo la forma de una parábola, ha sido fijada en nuestras mentes de una

manera tan atractiva que no la olvidaremos tan pronto como la
hayamos leído o escuchado.

41

Mediante el establecimiento
de un buen ejemplo

Leímos en una historia japonesa la cual contaba que una vez un hombre salió en busca de una rosa, la cual buscó por mucho tiempo, pero nada parecía ser aquella flor para él, la cual conocía mediante rumores únicamente. Se decía que su perfume era algo incomparable y se alababa la belleza de su múltiple corola.

Vio las admirables amarilis, balanceando sus cálices olorosos en sus flexibles tallos. Estos cálices, cuyos leves tintes estaban marcados en ocasiones por puntos marrones, parecían lágrimas de la noche.

Había inhalado – bastante sorprendido al no encontrar aroma alguno – el aliento de las orgullosas peonías, que florecían cerca de él, y parecían una especie de arbusto en llamas.

Las fragantes estalactitas de las acacias habían echado sobre él su suave aroma.

Se había detenido a observar a los claveles, que mostrándose carmesíes en sus cálices verdes, se veían como gargantas de guerreros, escapándose fuera de sus armaduras.

El duelo suntuoso del lirio negro también lo había atraído; pero ninguna de esas flores era o podría ser la rosa, y estaba casi desesperando cuando vio, bastante cerca suyo, a una mariposa de colores deslumbrantes posada en un arbusto. Un increíble aroma parecía desprenderse de ella, mientras sus alas se estremecían como los pétalos de una flor sacudida por el viento.

Emocionado, el hombre se acercó a ella, y dijo:

"Hermosa criatura, encendida con colores tan brillantes y exhalando un perfume tan dulce, ¿será posible que tú seas la rosa?"

"No", dijo la mariposa, "No soy la rosa, pero vivo cerca de ella; y amo el refugio de sus arcos y ramas florales. Voy a dormir en los huecos de sus corolas, y bebo el dulce perfume de sus flores."

"Por eso he venido tan impregnada de su olor, y fue por eso que te engañé."

Esta pequeña fábula puede servir como prefacio para lo que sea que uno pueda decir o escribir a modo de ejemplo.

Nuestras asociaciones más frecuentes nunca suceden indiferentes a nuestra mentalidad, y siempre nos sometemos, voluntariamente o inconscientemente, al poder de aquellos que nos rodean, a menos que tengamos la suficiente influencia sobre sus mentes como para incitarlos a que ellos se sometan a nosotros.

Entonces el pensamiento, proyectado en un centro envolvente mediante una influencia superior, es recibido por los cerebros de calibre más débil, los cuales lo registran de manera mecánica para reproducirlo en ocasiones similares.

Nuestra filosofía popular moderna ha puesto esa máxima en un dicho:

"Dime con quién andas y te diré quién eres."

Esto también es explicado por Du Potet en su libro "Terapias Magnéticas…" (Del inglés "Magnetic Therapeutics…")

"Hay ciertas personas," dice, "que cuando están cerca de ti, parecen absorber tu fuerza y tu vida; como una especie de vampiro, que sin saberlo, vive a expensas de ti."

"Cuando se está cerca de ellos, en el entorno en el que desarrollan sus actividades, uno siente un malestar, un constreñimiento que es causado por sus acciones perniciosas y determina en nosotros un sentimiento inexplicable."

"Sientes un deseo de escapar y de alejarte de ellos; pero esas personas tienen una tendencia exactamente opuesta; se acercan más y más a ti, parecen querer unirse a ti, tomar de ti lo que necesitan para sus vidas."

"Otras personas, por el contrario, llevan consigo vida y salud."

"Donde sea que vayan, parece que irradiar alegría y luz."

"Puedes observar que las conversaciones que establecen son agradables, y que las personas buscan estar con ellas. A uno le gusta tocar sus manos, aferrarse a sus brazos; hay algo calmante que es magnético y te encanta, que parece emanar de manera inconsciente de ellos."

"Uno suele adoptar sus puntos de vista acerca de cosas en general, y sus opiniones, sin saber por qué; y uno parece alejarse de ellos con un arrepentimiento genuino."

En pocas palabras, por encima de todo lo relacionado con influencia psíquica, no debemos olvidar que "la razón más fuerte siempre es la mejor."

Desafortunadamente, lo más fuerte no siempre es aquello que vale más; una especie de contagio ocurre en las personas que están sometidas al poder de alguien más.

"O nuevamente," explicó el viejo Shogun, "la influencia que los individuos ejercen el uno sobre el otro es la causa de muchos males difíciles de enumerar."

"Esa es, si creyéramos en la tradición, la razón por la cual los sabios de antaño crearon las llamadas sociedades de admiración mutua, a las cuales únicamente aquellos de mérito indiscutible eran admitidos."

"En las numerosas reuniones, por cualquier razón que fuera aparente para ellos, una mentalidad baja siempre se evidenciaba a sí misma, resultando en una caída de la calidad general del pensamiento hasta tal punto, que las mentes más elevadas sentían difícil soportar la situación, por lo que escapaban de la mediocridad que los rodeaba antes de "contagiarse.""

"La única influencia que debería ejercer un orador es la de transmutar las almas momentáneamente, sustituyendo los pensamientos malos y mezquinos por una corriente de ideas amplias y generosas, de las cuales puede florecer un entusiasmo real aunque casi siempre efímero, ya que para el momento de la conclusión del discurso, los intereses particulares, puntos de vista estrechos, y el miedo a la responsabilidad volverán a cada cabeza correspondiente, que de hecho podría ser alterada con un profundo estudio acerca de lo experimentado."

"Sin embargo, tales círculos sociales existen realmente y están compuestos por personas con aspiraciones absolutamente puras, y cuyas corrientes de pensamiento están voluntariamente dirigidas hacia la realización de un único objetivo."

A partir de esas reuniones de las mejores mentes, emana una corriente de influencia cuyo valor es considerable, ya que la emulación, hermana del ejemplo, se encuentra en estos círculos cuando, cada uno, desarrollándose a partir del mismo principio, enfoca sus facultades individuales en la búsqueda de lo mejor en todo lo que es bueno, causando un desarrollo general mucho más efectivo."

"Pero es muy difícil mantener estas reuniones dirigidas hacia la única dirección del espíritu generoso original. Encontrar hombres que ignoren las cuestiones de supremacía o liderazgo y de intereses particulares, y que sepan cómo reprimir antipatías y odios, ya sean justificados o no, para abrir el corazón a la creación de un ideal parece ser algo imposible."

"¿Es, de hecho, necesario preguntarnos eso? ¿Es correcto suprimir la ambición en los corazones de los hombres? ¿Tal cosa no tiende a destruir la semilla individual de la responsabilidad, algo que lleva siempre a las conquistas más nobles?"

Si bien son admirables los escrúpulos del Shogun, no podemos más que rememorar aquellos tiempos felices durante los cuales los sabios de antaño se reunían sin ningún otro objetivo que el de hablar acerca de la belleza que se encuentra en el corazón de la naturaleza. Esto lo hacían en maravillosos jardines en el medio de una vegetación lujosa y pacífica, bajo un cielo tan azul como sus ropajes.

Pero nuestra civilización moderna tiene otras necesidades, las cuales encuentran su realización en una preocupación, a veces exagerada, relacionada con el sometimiento a las órdenes que estén de moda: "El tiempo es dinero", se dice habitualmente; por lo que es necesario entonces que el tiempo de las reuniones sea limitado, y que el lugar sea adecuadamente elegido, siendo lo suficientemente grande para contener al público, el cual casi nunca desearía posicionarse al aire libre, no sea que el cambiante clima se convierta en una tormenta implacable.

El terrible asunto del dinero casi siempre adquiere un primer plano; y dado que las personas de mentes elevadas, los protagonistas de las ideas generosas, rara vez se dedican a la acumulación de oro, es necesario introducir en tales reuniones a una especie de Mecenas, que bajo la apariencia de uno o varios capitalistas, cuyas ideas y sentimientos pueden ser o aparentar estar en sintonía con la situación, pasen a formar parte de un grupo compuesto por los más puros elementos, para hacer las veces de fruta de dudosa calidad en una cesta de fruta fresca.

Pero no sirve de nada rememorar o querer revivir las cosas que no pueden ser cambiadas; y es más sabio el escuchar a Yoritomo:

"Una vez conocí a un hombre que gastó grandes cantidades de dinero para entretener a varios sacerdotes budistas que celebraban el culto encendiendo una enorme cantidad de lámparas, entregándose a sí mismos a varias prácticas rutinarias."

"Le dije a este hombre: "Sería mejor encender una sola lámpara frente a la estatua de Buda en su propia casa, e invitar a todos los sacerdotes que lleven una existencia austera en el templo predicando y dando el buen ejemplo.""

"Junta todo el dinero que anualmente le darías a este estéril ritual del budismo, divídelo en muchas pequeñas sumas, y podrías distribuirlo entre cada uno de tus sacerdotes, para que éstos a su vez lo inviertan en los pobres, enseñándoles la bendición del nombre de Buda."

"Entonces, glorificado por el ejemplo, el culto al que deseas darle honor se expandirá aún más, ya que las bondadosas y amables palabras de caridad se conectarán inevitablemente con las mentes de los desafortunados a los que ayude."

Podríamos, incluso en estos tiempos modernos, tomar en cuenta la fuerza de los principios de Yoritomo, que son dados como un ejemplo por parte de otro filósofo japonés, Kabira Ekken, que vivió durante el siglo diecisiete, y de quien Kirschbach nos habla en un estudio que es citado frecuentemente:

"La habilidad de ciertos actores," continuó Yoritomo, "puede ser una influencia, excelente o detestable, de acuerdo a la calidad de los ejemplos que le ofrecen a las personas."

"Sobre el escenario, un actor que tiene el don de llenar su propia alma con el personaje que representa, puede, a su voluntad, sembrar las semillas de la alegría o del terror, de la admiración o del deseo por lo bello, en las mentes de los espectadores."

"Esa es la razón por la que no podemos criticar fuertemente a aquellas obras que están basadas en una mentalidad vulgar o estrecha."

"Está muy mal impresionar a la multitud con reproducciones de acciones criminales o reprensibles."

"Aunque sea cierto que hay ciertas funciones bajas que corresponden a nuestra naturaleza humana y que son comunes para todo el mundo, hay ciertas cuestiones morales, ciertas acciones desagradables, o manifestaciones que si fuesen presentadas ante los ojos del público, sería algo muy malo."

"Las acciones de generosidad, de impulsos magnánimos, y de sacrificios heroicos, ¿no ofrecen estos un campo lo suficientemente amplio como para que no sea necesario reproducir en obras sentimientos y acciones que podrían resultar dolorosas?"

"La influencia del ejemplo es considerable, y es algo que conlleva cierta culpa el no limitarla a cosas que valgan la pena imitar."

"Podría saltar el argumento de que en todas las obras en las cuales se presenta a un criminal, el malhechor es siempre castigado por sus faltas, a veces de maneras tan terribles que hasta llega a servir de advertencia para aquellos que puedan estar tentados a imitarlo."

"Entre la audiencia capaz de ser influenciada por estos ejemplos detestables, de seguro habrán algunos que se creerán mucho más listos que el criminal cuya historia está siendo representada en frente de ellos, y se dirán a sí mismos: "Ese crimen estaba bien planeado; y si fue atrapado fue por su torpeza.""

"Para muchos tales reflexiones son teóricas, y no tienen deseo de imitar esas malas acciones. ¿Pero qué importa entonces? La semilla del mal ha sido plantada en ellos, y bajo la influencia de un sentimiento deshonesto, de odio o codicia, se podría desarrollar un fuerte deseo negativo, del cual el crimen representado fue el causante."

"Para aquellos que ya están contaminados, la influencia de tales representaciones podría ser incluso más perjudicial; para ellos el escenario puede resultar ser una escuela práctica de la maldad, combinada con la astucia y la seguridad que están involucradas cuando se observa algo desde el punto de vista del espectador."

"Uno podría decir lo mismo acerca de los libros, aunque estos son más peligrosos para los eruditos que para personas cuyo conocimiento es más limitado."

¡Ay! Pero el Shogun no sabía nada acerca de la educación obligatoria que en la actualidad existe, o acerca de los miles de libros baratos que abundan tratando diversos temas, incluso prometiéndole a uno el ser rico.

Pero podría ser malo incluir en esta discusión al espíritu de un libro, que aborrece el progreso, y que en tan alta estima conservamos. Deberíamos, sin embargo, enfatizar muy claramente que una educación demasiado amplia es a veces un arma de doble filo.

La mejor manera de utilizar la educación de uno es leer de manera atenta "La influencia del Ejemplo" (del inglés "The influence of example").

Las lecturas realizadas en público deberían tratar asuntos que sean a la vez nobles e interesantes; pero el efecto ejercido sobre los oyentes cuando estén solos podría ser nulo o benéfico, de acuerdo a las cualidades mentales del lector.

Éste debería, sobre todo, estar inspirado por los principales contenidos de los capítulos anteriores, particularmente aquellos que tratan acerca de la influencia de la mirada y de la transferencia de pensamientos.

Si el juego de miradas está necesariamente limitado al lector, que está obligado a bajar su vista hacia su libro, éste no debe olvidar en los momentos en los cuales esté relajando su visión fuera de las páginas, dominar a su audiencia con sus ojos.

Al mismo tiempo, las ideas que exprese deberían estar respaldadas por pensamientos tan fuertes que las "ondas de pensamiento" deberían generar una corriente mental, que según Turnbull, "actúa con la fuerza de un imán y de la electricidad."

No olvidemos tampoco que la influencia personal se expresa de manera más segura y estable cuando se manifiesta bajo la forma de altruismo, caridad y bondad.

"¿No es algo frecuente," dijo el anciano japonés, "ver a una multitud dudar, dividida entre un sentimiento de recriminación y otro de aprobación, y de repente tornarse hacia la conciliación, porque uno de los de una parte de repente se vio influenciado por los otros, declarándose abiertamente aliado de ellos?"

"Uno de los más grandes obstáculos para hacer buenas acciones," añadió, "es la timidez basada en el miedo a la responsabilidad, lo cual espanta a las mentes mediocres."

"Es hacia esas personas en los que se debería fijar aquel que tenga el poder de la dominación a su favor. Basta con imponer sobre esas temerosas almas la orden de ejecutar una tarea que él mismo desee ver completada, y será suficiente con solo poner un ejemplo de este tipo de logros."

"Las vacilaciones de esta gente se fortalecerán a sí mismas con el apoyo moral que seguramente sentirán a causa de esto, y su ansiedad acerca de las opiniones de los demás será calmada por el ejemplo establecido por aquellos a los que reconocen como sus superiores, y cuya superioridad están contentos de reconocer."

"El ejemplo es la excusa tras la cual se apresuran a esconderse aquellos cuyos malos pensamientos pueden colaborar en el discernimiento a la defensiva."

"Son ellos, entonces, cuyas mentes están fortalecidas por prácticas renovadas de reflexión sabia, utilizada al servicio de cualidades psíquicas, creadoras de la dominación, los que deben monitorear cuidadosamente sus propios actos, para que su ejemplo pueda ser, para las personas sobre las cuales tengan influencia, una fuente de mejoramiento y elevación constante."

Mediante la influencia psíquica

La influencia psíquica consiste en el despertar de las fuerzas interiores, desperdiciadas muy a menudo por un estado habitual de debilidad moral, o tal vez disminuidas por causas fisiológicas. Es el poder que determina los procesos que queremos producir en otras mentes.

Es el arte de sustituir la falta de resolución en los demás por nuestra propia voluntad, la que obedecerán ciegamente, a veces inconscientemente, siempre alegres de sentirse guiados y dirigidos por un poder moral que no pueden obtener por sí mismos.

"No es necesario tener", dice Yoritomo, "como muchos pretenden, el recurso a la magia con el fin de convertirnos en maestros en el arte de influir en nuestros semejantes; lo que se necesita por sobre todo es mantenerse constantemente en un estado de fuerza de voluntad suficiente como para imponer nuestras instrucciones en mentes capaces tan solo de obedecer."

"La intensidad de la determinación, cuando se alcanza un cierto punto, posee una influencia deslumbrante que pocos mortales ordinarios pueden resistir, porque los envuelve antes de que sean conscientes de ello, y por lo tanto antes de que hayan soñado siquiera el apartarse de ella."

"Por otra parte, el hombre que retiene el poder de influir rara vez tiene que esforzarse en ejercerlo efectivamente, pues la necesidad de protección contra ese poder es inexistente en la mayoría de las personas."

"Es muy raro encontrar personas moralmente autosuficientes que pasan por la vida sin sentir la necesidad de descansar su debilidad en una fuerza de apoyo para ser dirigidos."

"Mucho menos numerosos son los que aceptan con valentía las consecuencias de sus actos y no buscan colocar la responsabilidad de esos actos en una influencia externa."

"Sin embargo, en caso de fallar, van a apresurarse a atribuir las causas a sus asesores, proclamará en voz alta que, si no se le hubiera impulsado a dar oído a ellos el desastre no hubiera ocurrido."

"La timidez, a pesar de que no es influenciada por los mismos motivos, a menudo lleva a los que la padecen a un temor tal de responsabilidades que llegan al punto de no poder, excepto bajo el amparo de un poder impulsor, manifestar lo que les parece indispensable para excusar sus actividades."

"Podríamos pasar en silencio frente a personas así, sin embargo constituyen un grupo importante entre los que buscan la cooperación de los demás."

"Lamentablemente, esta dependencia enfermiza en los demás es adoptada por ellos. Se sienten incapaces de lograr algo por sus propios esfuerzos."

"Están contentos con recrearse en los frutos de los esfuerzos de los demás, para lo cual siempre podrán tomar el crédito para sí mismos de la mejor parte."

"Una vez conocí a dos hermanos que se dedicaban al estudio y esclarecimiento de las antiguas inscripciones esculpidas en los templos por las manos de la fe primitiva."

"El más joven de estos hermanos era locuaz y charlatán, muy superficial, pero muy brillante y hablador."

"El otro, continuamente absorto, se mantenía casi en su totalidad fuera de vista, pronunciaba únicamente palabras que fueran absolutamente necesarias, y cuando se le preguntaba sobre su ciencia, respondía tan simplemente que la gente se compadecía de su hermano por ser cargado tan obviamente con un cero a la izquierda."

"El más joven, sin embargo, ganó la buena voluntad de le gente por no hablar de su hermano mayor, excepto con respeto, y mostrar cierta inquietud cuando se hablaba mal de su profesión."

"A pesar de todo, se vio obligado a admitir que él solo había aprendido, y que su hermano era muy superficial como para tomar cualquier otro trabajo que no sea el de copista; pero podía percibirse que esta declaración heriría sus sentimientos fraternales, y la estima concebido para con él aumentó aun más."

"Llegó el día cuando el hermano mayor se desvaneció en el mundo de los espíritus y su muerte pasó casi desapercibida así como su vida. Nadie soñaba ni con lamentarlo, hasta que un grave error fue descubierto en un texto muy disputado. Por supuesto, el error cayó en la memoria del copista, esa persona inútil a quien su hermano quería tanto como para ponerlo en el pedestal de los más grandes eruditos."

"El sobreviviente parecía tan afectado por esta situación que renunció a su trabajo por algún tiempo, y sus declaraciones crecieron hasta llegar a ser aburridas y demasiado comunes."

"No obstante, a instancias de sus amigos, emprendió la traducción de algunas antiguas oraciones budistas de gran interés religioso y arqueológico."

"Grande fue el asombro general. Los errores más groseros se combinaron en este trabajo con la ignorancia más palpable; en fin, era imposible dudarlo. No sólo el hermano que había muerto obtuvo todo el mérito, sino que él también tenía los dones de influir en el más joven, el cual se había reflejado en él hasta casi parecer el hermano mayor."

Y Yoritomo añade:

"Es incuestionable que al lanzar fuera las emisiones de una percepción mental, somos capaces de obtener resultados que los esfuerzos materiales podrían lograr con mucha más dificultad."

"Sin embargo, es algo indispensable valernos de otros medios de gran alcance con el fin de poner en vibración las fuerzas que nos rodean, y cooperar así en la creación del resultado de lo que deseamos alcanzar."

"Todo el mundo sabe que ciertas órdenes pronunciadas durante un sueño continúan después de despertar y pueden llegar a transformarse en una obsesión, en un primer momento confusa, después tenue, pero ganará en precisión y en detalle tenaz."

"El método más rápido y más científico para la obtención de este sueño es la condición de letargo producida por una mirada en la que hemos aprendido a encarnar la fascinación de nuestra influencia."

"Ya he mencionado el poder de esta mirada, pero podemos aumentar la influencia de manera notable si somos capaces de tener éxito en acercarnos a la persona a la que deseamos influir tocando ligeramente sus hombros con nuestras manos, girando los pulgares hacia su cuello y las yemas de los dedos sobre la columna vertebral."

"Si tenemos miedo de mostrar demasiado el deseo de influir, no deseamos provocar un escalofrío en la espalda, ya sea voluntario o no, podemos continuar de pie detrás de la persona a la que queremos poner a dormir y, mientras charlamos, colocamos ambas manos sobre sus hombros."

"Pero este procedimiento es más difícil de poner en práctica, pues la aplicación de las manos debe durar más de un minuto con el fin de ser eficaz."

"En cualquier caso, el experimento sólo puede tener éxito si va acompañado por el extender un poder fuerte y fijo de la voluntad."

"Si usted le da a su pensamiento la fuerza y la fijación necesaria, a pesar de que la persona a la que desea poner a dormir no sucumba al sueño, no obstante quedará completamente sujeta a los procesos mentales que usted ha querido suscitar en ella."

"Pero tenga cuidado, un solo segundo de distracción haría vanos todos sus esfuerzos."

"Con el fin de evitar este fallo, es entonces muy útil que le de a su pensamiento una forma tangible y que no abandone la condición meditativa; debe asumir las características del objeto del deseo que pretende inspirar."

"Por ejemplo, usted desea inculcarle a alguien el amor a la ciencia: hágase una imagen que represente a esta persona agachándose para tomar algunos manuscritos, o estudiando bajo la tenue luz de las criptas, véala comprometida, prestando atención al desciframiento de las inscripciones y en busca de su significado."

"Si usted desea impregnarla con un espíritu bélico, simplemente visualice a esa persona enfrentando enemigos que está aplastando sobre la tierra."

"Del mismo modo, hágalo con cada logro e idea que usted desea ver nacer en su mente."

"Al mismo tiempo, es absolutamente necesario para acentuar y para sostener el pensamiento hablar palabras que lo despierten y lo estimulen la que."

"Por ejemplo, al hombre que desea rendir tributo a su país valiente y decididamente, dígale lo siguiente: "Levanta la cabeza y acostúmbrate a mirar el peligro a la cara, no huyas, serías perseguido y sin duda te alcanzarán. Aprende a medirte con tus miedos todos los días y a enfrentarlo con valentía...""

"Es con estas palabras pronunciadas con voz firme, al mismo tiempo que usando la influencia del ojo, la del pensamiento y la de la voluntad que, combinado con el poder de las fuerzas interiores, tendrá éxito en subyugar las naturalezas más rebeldes."

"Los líderes de los hombres nunca deben perder de vista esta verdad: el esfuerzo de la voluntad produce ondas vibratorias que entran en circulación, las cuales deben tocar el cerebro de aquellos a quienes desean subyugar."

"Para que esta fuerza se encarrile de a poco, es bueno que, cuando participe en la conversación, permanezca en silencio mientras los otros hablan."

"Al escuchar a cada uno de ellos con atención puede evitar mirar a su interlocutor, gire sus ojos a fin de no permitir que se disperse la influencia que más tarde usted le enviará mucho más eficazmente."

"Esto debe ser observado estrictamente cuando se trata de imponer una resolución definitiva, como cuando quiera disuadir a una forma de acción censurable, o cuando alguien interpele lo contrario al resultado que usted quiera obtener."

"La persuasión por influencia toma la forma de sugerencia, y, después de haber recurrido a las prácticas que acabamos de describir, se le debe decir a la persona, fijando en ella nuestros ojos, pero no entre los suyos, sino en el puente de su nariz: "usted no va a hacer tal o cual cosa, porque eso es malo y sería caminar directamente hacia males graves"; o también "Tienes que hacerlo de esta manera, pues esta es la solución que estabas buscando para ese problema."

"Si el resultado deseado no se obtiene luego de la primera vez de intentarlo, pruébelo otra vez."

"Sin embargo es preferible imponer la convicción gradualmente, de este modo la vacilación, tan común en las mentes débiles, no será algo de temer, ya que la proporción con que la sugerencia ha sido transmitida fue más lenta."

Las enseñanzas del Shogun también incluyen la salud del cuerpo, la cual, asegura, siempre está relacionada con la salud de la mente, y recomienda también medios para ayudar a la curación de ciertas personas enfermas. Sin embargo, aconseja el mayor cuidado en el uso de los medicamentos, por más benéficos que parezcan.

"Es malo," dice, "obligar a un enfermo que imagina su enfermedad el reconocer el error moral, la primera causa de las dolencias físicas."

"Debemos, por el contrario, abstenernos de negar la existencia de sus sufrimientos y, poco a poco, introducir en su mente la sugerencia de algo mejor, hasta que la idea de recuperación tome por completo posesión de él."

"Pero con el fin de obtener un buen resultado, esta idea debe ser la culminación de una serie de otros pensamientos gradualmente ascendentes que el paciente ha llegado a concebir, en un primer momento como una posibilidad, luego como una esperanza bien fundada, después como una certeza, hasta que por fin, como una realización: la devolución completa de la salud definitivamente recuperada."

No concluiremos esta lección sobre las influencias psíquicas sin citar algunas líneas de los valiosos manuscritos nipones.

"Influencia", dice el autor, "es sinónimo de "sustitución de la voluntad"; y en ciertos casos la palabra "creación" sería todavía más apropiada. Para aquellos que hemos tenido éxito en dominar y dirigir los pensamientos de otras personas, casi siempre se da que son personas de carácter débil en los que la facultad de la voluntad ha permanecido en un estado rudimentario."

"En cuanto a los otros, aquellos en cuyas mentes sustituimos nuestra propia voluntad por la que ellos tienden a manifestar, son almas generalmente aburridas o francamente viciosas, que combinan con sus defectos naturales una especie de debilidad moral que los hace accesibles a las influencias externas."

"Cuando dos fuerzas se unen, a menudo es el mal el que se abre paso para poseer la verdadera dotación de influencia, ciertas cualidades deben entrar en juego y rara vez se presentan en la gran cantidad de mentes mediocres."

"Este último, totalmente esclavizados a la satisfacción de sus instintos, y socavada su fuerza con placeres pasajeros, carece de ese deseo apasionado por lo mejor."

"Los maestros de la conciencia siempre tendrán la esperanza de llegar a ese espléndido objetivo de influir en los demás, porque su espíritu está impregnado con nada más que el amor a la verdad."

Algunas páginas más adelante nos encontramos con la confirmación de estos principios en las siguientes líneas, conceptos que en nuestra psicología moderna no serían contradictorios:

"A todos no les es dado que poseen en sí mismos el espíritu agresivo necesario como para comandar las influencias que deben emanar de nuestro cerebro con el fin de dar lugar a la formación de convicciones fuertes en los demás. Es por eso que a veces es mucho mejor, en vez de imponer la idea, dejar que simplemente penetre por sí misma, con el fin de que podamos llegar a su completa posesión, lo cual no debe ser confundido con el hecho de ser poseído por ella."

"La diferencia es inmensa. El que posee por completo la idea, a la que desea después enviar hacia fuera de sí mismo por los medios que hemos descrito en este capítulo y con el fin de transmitir la idea a los demás, es un maestro que manda; en cambio el que se deja vencer por la obsesión de una idea que toma posesión de su cerebro previene su razonamiento y se convierte en esclavo de esa idea y de los actos que le impulsan a cometer."

"Pero esto no puede lograrse si en silencio y poco a poco uno se deja estar para que la idea lo sugestione. La conquista gradual implica discusión, razonamiento e incluso resistencia, cosas todas indispensables para la formación de la convicción racional."

"Ahora bien, sin convicción la influencia tiene muy poco peso."

"La convicción personal es la que nos permite encontrar las palabras necesarias para introducir ideas en las mentes de nuestros oyentes; sólo la convicción personal puede producir adeptos."

"Todos los apóstoles han sido persuadidos de la verdad de su creencia, y si algunos de ellos han sido líderes de multitudes es porque enseñaban una doctrina en la que ellos mismos creían sinceramente y porque en su discurso se extendía alrededor de ellos el resplandor de un fervor, que, mucho mejor que el entusiasmo, puede llenar las almas de los hombres y conseguir influir sobre ellos."

"La penetración gradual de la idea tiene que ser buscada en el caso de aquellos personas que poseen cualidades naturales que se inclinan más bien a la meditación y la adhesión firme que al celo agresivo."

"Podríamos comparar estas diferentes clases de personas con dos hombres que, habiendo conseguido cada uno un suministro equitativo de madera en el bosque, regresaron a su casa y encendieron el fuego para calentarse."

"Uno de ellos se sentó a ver cómo las llamas subían en hermosas curvas espirales de bellos colores prismáticos, y cuando morían tiró otros troncos para avivar el fuego. Este hombre estaba encantado viendo el fuego y con la comodidad que producía su calor."

"Pero pronto no quedó nada con le que renovar el fuego; las llamas se apagaron, el fuego rojizo se tornó en cenizas grises, para luego enfriarse rápidamente y quedarse inmóvil en la parte inferior de la chimenea."

"El hombre volvió a salir para buscar nuevos suministros; pero al pasar ante la cabaña de su amigo se sorprendió al ver el humo que surgía a borbotones de su chimenea, mientras que cerca del umbral, la pila de madera aún estaba casi intacta."

"Golpeó la puerta y su amigo lo invitó a pasar. Entró, y una calidez muy agradable tomó posesión de él. Pudo apreciar un moderado fuego ardiendo suavemente bajo las cenizas; rodeado de personas que estaban de pie estirando sus manos para participar de esa sensación tan agradable que brindaba su calor."

"Lo mismo sucede con la penetración gradual y continua: tal vez no produzca destellos brillantes que duren muy poco tiempo, pero nos baña con su sugerencia benéfica, y convencidos al fin de que tenemos dentro nuestro la verdad, será mucho más fácil para nosotros rodearnos con todos los medios que el conocimiento de la influencia ponga a nuestra disposición para permitir que esta verdad se filtre suavemente en las mentes de aquellos que nos parecen dignos de entenderla y difundirla."

Mediante la decisión

No deberíamos confundir la virtud de la decisión con esa tendencia que tienen ciertas personas a decidir la respuesta para cualquier cuestión que se les presente sin haberla estudiado, y la mayoría de las veces sin haberla entendido. Como todas las cualidades, la decisión, o determinación, es únicamente obtenida después de repetidas instancias de reflexión, las cuales determinan la coordinación de ideas y provocan que aquellos que se dediquen realmente a su práctica habitualmente estén listos para entender rápidamente las ventajas y desventajas de cierta situación de acuerdo a la que planean actuar.

Para obtener esto debemos tomar en cuenta todas las razones indispensables para la evolución de la decisión. "Estas razones," dijo Yoritomo, "siempre dependen de las circunstancias, que son siempre cambiantes."

"Para ser capaz de discernir y entender rápidamente hacia cual lado de nuestra decisión nos deberíamos de inclinar, para sobre todo ser capaz de mantenerla posteriormente, varias cualidades son necesarias, y encabezando esta lista deberíamos mencionar:"

• Reflexiones o concentración

- Una mente presente

- Voluntad

- Energía

- Imparcialidad

- Deseo por la justicia

- Previsión

"La reflexión, o más bien la concentración, es la facultad del auto aislamiento, o la que nos permite alejarnos y encerrarnos muy lejos de todo pensamiento que no sea aquel en el que debemos enfocarnos en el momento."

"Es una fuerza que llevamos con nosotros, pero que desarrollamos hasta su punto más alto mediante su cultivo y aplicación."

"Es por el hábito de la reflexión que tenemos éxito al revisar muy rápidamente todos los lados de una pregunta, y al comparar las consecuencias positivas y negativas que puedan ser causadas por las resoluciones tomadas."

"Este hábito, cuando es constante, se convierte en una especie de gimnasia mental, y nos permite agrupar y discernir en menos de lo que tarda pestañear, las razones que están a favor de la conclusión de aquellas que podrían determinar que abandonemos el proyecto que nos están proponiendo."

"Cuando la evaluación lleva a la situación fuertemente de un lado hacia el otro, la decisión puede ser fácilmente tomada, pero hay muchas situaciones en las que las consecuencias positivas son tan importantes y/o numerosas como las negativas, y es ahí cuando el hombre indeciso debe parar de comparar."

"El hombre que ha perfeccionado su reflexión practicándola regularmente, tras haber establecido rápidamente este equilibrio, alejará su mente de esos motivos para dedicarse a analizar otros de características distintas."

"Traerá a la mesa cuestiones de familia, de conveniencia,

relacionadas con el entorno; comparará las consecuencias de la aceptación con la inconveniencia del rechazo, y se decidirá de manera clara, sin ningún tipo de arrepentimiento."

"Ahora viene el siguiente factor: la voluntad."

"A veces es muy difícil rechazar algo cuando en medio de las ventajas existen aspectos seductores pero peligrosos; es doloroso tomar ciertas responsabilidades y atarse uno mismo al peso de las consecuencias de lo que hagamos."

"Pero el hombre que esté dotado con la voluntad aceptará tales tareas con un corazón liviano, ya que sabe que él es digno de llevarlas a cabo."

"Sin embargo, esta facultad, que admirablemente dio origen a las fuerzas que gobiernan al universo, no siempre basta para fortalecer las decisiones. Para mantenerlas se necesita otra cualidad llamada energía, que mediante un esfuerzo continuado, previene la debilidad, que podría afectar a estas decisiones a medida que pasa el tiempo."

"¿Hay necesidad de insistir en el asunto de la imparcialidad, cuyo ejercicio es indispensable cuando uno se está considerando a sí mismo en su punto más íntimo?"

"A la mayoría de las personas indecisas les encanta engañarse a sí mismas con ilusiones, creadas por su imaginación, por lo que frecuentemente se convierten en arquitectos de sus propias desgracias."

"O tal vez suceda que nuevamente la decisión, a veces tomada muy de prisa, es dictada por su razón, que con su tácita participación toma unas proporciones gigantescas que esconden todas las desventajas, las cuales son embellecidas, si es que son obligados a percibirlas, y las ven con colores, que saben que son falsos."

"La sinceridad es también necesaria para con nosotros mismos así como para con los demás, y aquellos que no la ponen en práctica, tarde o temprano lo lamentarán."

"Y es a partir del mismo principio que el deseo por la justicia actúa. Es algo que debería predominar en todas nuestras decisiones si deseamos que ellas no nos traigan remordimientos más adelante."

"El torpe egoísmo solamente puede tomar resoluciones que no tienen ningún fundamento en la rectitud, y por lo tanto, tarde o temprano surgirán arrepentimientos por los actos que inevitablemente ocurren tras la toma de la decisión, y la concatenación de los eventos futuros se convertirá en el castigo para aquel que ha omitido las leyes de respeto al prójimo."

"La principal condición para tomar decisiones que no dejen amargura a su paso es la previsión de los eventos que ella podría generar."

"El prever es prevenir, dice una máxima antigua, y por falta de previsión a menudo nos metemos en arenas movedizas, en las cuales a pesar de nuestros esfuerzos estaremos miserablemente atrapados."

"No deberíamos confundir la previsión con el arte de la adivinación, aunque a los ojos de la gente ordinaria parezca lo mismo proviniendo de expertos."

"Tales expertos, adeptos a la reflexión racional, están tan avanzadas en esta ciencia, que la deducción es casi instintiva, y tienen éxito a la hora de formular predicciones que podrían bien hacerse pasar por profecías, si no se tomaran la molestia de explicar el método que han utilizado para llegar a tal conclusión."

"Se relata que un emperador antiguo (llamado alternativamente Mikado), afectado por una mala suerte, congregó a sus adivinos para averiguar de ellos la manera de evitar la ira de los espíritus malignos."

"Tras una larga discusión, llegaron a la conclusión de que la única manera para obtener eso era construir un templo consagrado a los dioses del mal, para apaciguarlos al rendirles tributo; ese templo iba a tener que ser construido en un punto específico indicado por los magos."

"Sin embargo, los dioses despiadados exigían un sacrificio preliminar antes de eso; un niño debía ser asesinado en aquel punto, y el templo debía ser erigido sobre ese lugar teñido por su sangre."

"Tras poner en práctica extensos encantamientos cabalísticos, se decidió que el niño elegido debía ser el primero que se cruzara con ellos al alba en el bosque más cercano."

"Entonces el Mikado partió con los hechiceros y todo su séquito de sirvientes en su búsqueda."

"El sol justo se había levantado en el horizonte, cuando vieron a través de las ramas a un niño haciéndose un camino para sí mismo por entre la densidad de los matorrales."

"Capturarlo y llevarlo ante el Mikado fue algo prácticamente instantáneo; el pobre niño fue inmediatamente sometido a una examinación extensiva por parte de los hechiceros, quienes determinaron que la sangre del pequeño sería del agrado de los dioses malignos. Entonces fue arrastrado por los hombres de armas, quienes cruelmente divulgaban rumores acerca del trágico fin de su cautiverio."

"Ni las plegarias ni las súplicas consiguieron conmover a ninguno de estos fanáticos, y la compañía siguió en camino hasta el pie de una colina que miraba hacia el mar."

"Llegados a ese punto, el Mikado y su séquito se detuvieron, ya que había sido elegida la tierra plana que cubría a aquella colina como el lugar de construcción del templo."

"Los soldados empezaron a arrastrar, entre varios, una roca enorme hacia el sitio. Esa roca, tras servir como altar para el sacrificio humano, iba a ser la primera roca que conformara los cimientos del edificio."

"El niño, capturado y con una angustia comprensible, siguió con atención todos los preparativos; pero a medida que fue entendiendo el motivo del trabajo de los hombres, su rostro se aclaró, y una expresión de esperanza encendió su cara, y posteriormente pidió permiso para hablar. Habiéndosele otorgado permiso, hizo tres reverencias ante el Mikado, y entonces dijo: "Oh, gran príncipe, no permitas que el trabajo que ha sido empezado siga adelante, ya que los dioses del bosque se oponen a él."

El Mikado, que era supersticioso pero no malvado, lo miró tristemente:

"Niño," dijo, "nuestros hechiceros lo han decidido así; es la única manera de aplacar la ira de los espíritus malignos, cuyas influencias negativas han puesto en peligro la seguridad del trono. Es doloroso para mi sacrificar una vida tan joven, pero el bienestar de mi imperio depende de ello; resígnate y muere valientemente, para poder entrar al reino reservado para los hombres valerosos."

"Durante la conversación, el niño seguía con atención los movimientos de los soldados, y de repente pronunció: "Ordéneles que paren, gran príncipe, ya que si siguen unos pasos más adelante, los dioses del bosque los destruirán."

"Y volviéndose hacia el denso bosque, gritó con fuerza: "Dioses de mi niñez," suplicó, "que me han protegido, denme una prueba fresca de su protección benefactora, engullendo a los que me atormentan junto con el altar en el que pretenden sacrificarme."

"Tan pronto y como hubo pronunciado esas palabras, como por arte de magia, los soldados que estaban empujando hacia adelante la pesada piedra desaparecieron. La piedra y todo lo demás había sido engullido por la tierra a causa de un poder invisible."

"El séquito del Mikado gritó ante el milagro que había ocurrido y cortó las cuerdas que retenían al niño, que se perdió inmediatamente en las profundidades del bosque."

"Al niño le había bastado el hecho de querer salvar su vida para recordar que hacía un tiempo, mientras llevaba a pastar a sus cabras, había pasado cerca de unas arenas movedizas. Si no hubiese sido por su agilidad y ligereza, habría tenido el mismo destino que los soldados y la piedra."

"Por lo tanto, el prever que los hombres llevando aquella pesada roca no podrían evitar ser succionados, fue fácil para él, ya que este niño estaba acostumbrado a las artes de la gente simple, que en todo momento deben proteger sus vidas. Había adquirido, en la soledad de los bosques, el hábito de tomar rápidas decisiones relacionadas con su instinto de supervivencia, tan altamente desarrollado en todas las mentes primitivas."

"Amenazado con ser sacrificado por hombres que desean apaciguar a dioses bárbaros, su astucia lo había provisto con la decisión de impactar sus mentes simulando una profecía, que en realidad era algo que él veía como inevitable de acuerdo a su conocimiento."

"Eso sucede con muchos adivinadores, pero más que nada con los hombres sabios, que únicamente emprenden un trabajo tras haber previsto sus dificultades."

"Las células formadas espontáneamente como resultado del cambio son frecuentemente producidas por las circunstancias."

"Es difícil prever su naturaleza; es absolutamente necesario reconocerlas bajo el vago nombre de "mala suerte" y tomarlas en cuenta cuando se presenten, para no ser tomados por sorpresa cuando estallen sobre nosotros."

Al voltear algunas páginas más, llegamos a concebir una definición de decisión, comprimida en una fraseología breve y concisa, así como sabe hacerlo la filosofía nipona cuando debe resumir un pensamiento con el fin de impresionar a la mente.

"La decisión," dijo, "no es un movimiento espontáneo de la mente o de la inteligencia, es la elección coherente y racional al ejecutar una acción, excluyendo a todas las demás elecciones que pudieran tener relación con la idea expresada."

"Entre el momento en el cual aparece la razón para tomar la decisión y el momento en el que es necesario resolverla como sea, todos los estados psíquicos que están separados durante eso dos períodos encuentran su lugar."

"Los hemos enumerado rápidamente, pero para entenderlos en su integridad y hacer que nos sirvan para la realización de nuestros proyectos concebidos de manera madura e inaugurados rápidamente, algún tipo de gimnasia mental no vendría mal."

"Por ejemplo, es bueno ponernos en el lugar imaginario de alguien que debe tomar decisiones, en situaciones en las que hay que hacerlo de la manera más rápida y sabia posible."

"Será fácil para nosotros medir la sabiduría de la resolución si interpretamos como fin a los eventos que nos rodean, y si estudiamos los delicados casos que están dentro del alcance de nuestro conocimiento."

"Es algo positivo cuando se ve que ciertas circunstancias les suceden a nuestros amigos, hacer uso de ellos como elementos para nuestros ejercicios y preguntarnos: ¿Qué decisión tomaría si estuviera en su lugar?"

"No estoy queriendo decir que tengas que saber todos los detalles de los hechos, hasta el punto en el que puedas llegar a determinar su solución mediante la razón de manera segura."

"Este método tiene la ventaja de que se puede confirmar desde un punto de vista externo el éxito de tus decisiones, las cuales han sido tomadas de manera imaginaria."

"Por lo tanto, puedes instruirte a ti mismo en este arte tan difícil y sin embargo tan importante, ya que la influencia que ejerce sobre otros aquel que está acostumbrado a tomar decisiones rápidas y sabias es siempre considerable."

"Además, tras un tiempo de dedicación al estudio de este aspecto, llegarás a hacerlo de manera natural y sin ningún esfuerzo."

"La claridad de visión mental se desarrollará en ti hasta tal punto que sin ni siquiera pensarlo harás un buen juicio con respecto a todo, y determinarás rápidamente cual es la solución apropiada para cada caso."

"Pronto la fama de tu sabiduría se expandirá a lo grande, y aquellos de voluntad débil vendrán a reunirse alrededor tuyo para preguntarte cosas individualmente."

"Esto será así porque son numerosos aquellos que no se atreven a aventurarse solos en los caminos de la voluntad; la creadora de responsabilidades."

Sus almas cobardes temen a los posibles arrepentimientos que puedan surgir a partir de alguna resolución suya, por la cual tendrían que cargar con las consecuencias, y son como ese hombre acerca de quien Hao-Va relata una aventura alegórica:

"Un hombre," dijo, "tenía que atravesar un bosque para llegar a la aldea en donde esperaba encontrarse con la Suerte. Emprendió su viaje temprano en la mañana, y se apresuró para llegar a las afueras del bosque lo más rápido posible."

"Pero cuando iba caminando hacía algunas horas, paró y miró a su alrededor con indecisión; el camino marcado delante de él era largo y monótono; si tomaba un atajo a través de los árboles tal vez tendría alguna posibilidad de acortarlo… y así fue como perdió su rumbo bajo los grandes árboles."

"Caminó durante una hora hasta llegar a un claro. Trató de orientarse, pero, sin saber que hacer, tomó otro camino de manera aleatoria. Fue más despacio, ya que empezó a sentirse fatigado y desanimado, hasta que de repente percibió que el camino lo había llevado hacia un lugar bastante cercano del que se desvió en primer lugar."

"En ese momento fue marcha atrás, pero no había podido llevar la cuenta de las vueltas que había dado antes, así que tras un largo rato se encontró en el claro nuevamente."

"Ese momento fue uno de gran resolución, en el cual decidió rendirse con los caminos laterales, y partió hacia el primer camino, aquel que había seguido en un principio y que llevaba directamente hacia la aldea."

"Lo que sucedió poco después fue que el sol se ocultó detrás de los árboles; la noche cubrió al bosque con su velo, y el hombre distraído se vio obligado a interrumpir su viaje, ahora inútil, ya que la Suerte no lo había esperado."

"No se rían de este hombre," clamó el Shogun, "ya que la mayoría de ustedes son como él; vagan en los laberintos de la indecisión en lugar de seguir el camino marcado por la voluntad; pierden la tranquilidad ante el primer inconveniente; evitan el ser sinceros consigo mismos al perderse imprudentemente en caminos desconocidos, y para cuando tras mucho tempo determinan su curso definitivo, las oportunidades ya se han agotado para ustedes."

"Ustedes, que aspiran a convertirte en aquellos que irradian a las almas de los demás con su influencia, deben despreciar a los indecisos."

"Sean consejeros que toman decisiones rápidas y bien evaluadas; no se alejen hacia "atajos" que no saben hacia dónde llevan, y aprendan a ser guías seguros e iluminados para ustedes mismos antes de marcarles el camino a aquellos discípulos devotos que han sido atraídos por su influencia."

Parecería que añadir cualquier comentario a estas enseñanzas podría debilitarlas, ya que éstos puntos de vista llenos de energía, así como las ilustraciones que las acompañan, pueden servir como normas de conducta para la gente de hoy en día, así como lo hicieron con los antiguos discípulos directos de Yoritomo.

Mediante la ambición racional

"La ambición es accesible únicamente para los valientes; sólo ellos pueden descubrir el tesoro oculto en ella, al romper las gemas falsas de la ilusión y la intriga."

Esas palabras de Yoritomo deberían ser conocidas por todos aquellos que emprendan la conquista de la vida. Deberían estar inscritas en letras de oro en las puertas de las escuelas en las cuales los jóvenes hacen sus comienzos, los cuales en la mayoría de los casos, deciden su futuro.

"La ambición," dice nuevamente el viejo filósofo, "debería, junto con la bondad o cualquier otra virtud, formar parte de lo que se dicta en la enseñanza racional."

"Pero para eso sería necesario liberarnos de prejuicios, que la etiquetan como un defecto que deberíamos simular."

"Se es ambicioso," dice la persona ordinaria, "cuando se desea desacreditar los logros de un hombre cuyas aspiraciones lo elevan por encima de las cosas comunes de la vida."

"Ni siquiera se imaginan que para ser un hombre ambicioso, productivo y auténtico, es necesario reunir una gran cantidad de cualidades, que las personas que se vanaglorian de su modestia siempre ignorarán."

"¿Qué es entendido generalmente por modestia?"

"¿Es acaso aquel grupo de gente ambiciosa que teme exhibir sus apetitos, para que no exista la posibilidad de que lo detengan antes de que pueda encontrar la manera de satisfacerlos?"

"¿No es muy a menudo una falsa virtud, que bajo los lineamientos copiados del verdadero concepto de humildad, esconde el terrible defecto de la debilidad?"

"¿No sería más bien el oropel con el que se envuelve la holgazanería para abandonarse a sus vicios favoritos?"

"La modestia puede ser el cimiento para todos los vicios que ya hemos mencionado; es el enemigo de los emprendimientos valerosos, de los actos que requieren un despliegue de energía que únicamente la ambición o la audacia pueden decidir por sí solas."

"Además, casi siempre es un signo de que hay una necesidad de confiar en uno mismo. Nuevamente, es un salvavidas para la dignidad del incapaz."

"Muchos mortales débiles, indecisos, vagos, o incompetentes, en vez de buscar adquirir las cualidades que les hacen falta, prefieren decir en voz alta: "Oh, yo nunca tendré éxito a la hora de obtener lo que yo quiero, por la buena razón de que no emprenderé tal viaje. Soy una persona modesta, y una persona modesta soy. Tengo odio por la fama y el renombre que pudieran rodear a mi nombre; únicamente deseo oscuridad, ¡y siento mucha lástima por aquellos que están atormentados por el deseo de brillar!"

"Dicen todo eso sin siquiera pensar que la primera condición para ser modesto es el ignorar tal condición acerca de uno mismo."

"Aquel que se enorgullece de su modestia nunca será alguien modesto, ya que en el momento en el que se proponga establecer tal virtud, estará actuando como un fanfarrón."

"Si realmente está convencido de su poca importancia, si la falta de seguridad en sí mismo es sincera, deberíamos sentir mucha lástima por él, porque debe estar sufriendo al sentirse tan insignificante, y ese sentimiento lo llevará, poco a poco, a la hipocondría, a menos que se incline hacia el lado de la envidia y los celos."

"Tal cosa es, sin excepción, el castigo para los débiles; ellos mismos carecen del coraje necesario para llevar a cabo grandes cosas, y no perdonan a aquellos que las consiguen."

"Hay, sin embargo, una especie de modestia a la que deberíamos reverenciar; y es aquella del hombre que ha aprendido, y al haber encontrado su felicidad en su búsqueda de conocimiento y verdad no hace ningún intento de obtener gloria, sino que espera dentro de sí mismo para que ella vaya hacia él, mientras se prepara para recibirla sin más emoción que a un visitante común."

"Ese sentimiento sería digno de admiración si no estuviera mezclado tan frecuentemente con un egoísmo empedernido, tras el cual está escondida una fuerte indiferencia hacia los demás, llevada hacia el punto de la exclusión de la ansiedad por compartir los conocimientos de uno mismo con los demás."

"Ese tipo de hombre modesto, que por lo tanto ignora su deber para con los demás, es menos útil para la humanidad que un hombre ambicioso que, queriendo incrementar su fama, hará que los resultados de su trabajo sean conocidos y de manera muy notoria."

"Entonces, para ser fructífero, todo en nuestra vida debe tener relación con los demás."

"Es por haber desarrollado la ambición desde su infancia que los líderes de las multitudes han tenido éxito en ganar reconocimiento y posteriormente al llevar sus convicciones a la realización."

"¿Qué impulso generoso podemos esperar de un hombre que posee únicamente un deseo; el de encerrarse a sí mismo en una egoísta tranquilidad, y cuyos trabajos en su vida serán mantenidos para sí mismo a causa de los celos?"

Estos hechos, ya lo suficientemente verdaderos en los días del

Shogun, asumen una renovada significancia en nuestra época, cuando pueden llegar a convertirse en la lista de pasos a seguir para aquellos que en la mayoría de los casos no son nada excepto ambiciosos. Estuve a punto de llamarlos los legítimamente ambiciosos.

¿Y por qué? La ambición, cuando excluye sentimientos impuros y desdeña a la intriga, ¿no es acaso una de las pasiones más nobles que puedan ser concebidas?

La ambición proporciona alas a nuestros proyectos, lo que permite que se eleven por encima de las ideas ordinarias; es gracias a la ambición que experimentamos la emulación, la cual nos lleva por el mejor camino.

Sin la ambición, ¿tendríamos el conocimiento de esos descubrimientos maravillosos, que hicieron de nuestra era una de excelencia sin par? Y debería ser dicho que Yoritomo apoyó intensamente al desarrollo de las personas ambiciosas de nuestra era, calificándolos de benefactores más allá de la medida del mejoramiento, cuando dice:

"Es un crimen destruir, en la cuna del niño y bajo la falsa apariencia de modestia, la dignidad y el amor propio que deberían brillar como una estrella en los corazones de todos."

"Sería más útil, por el contrario, otorgar recompensas a aquellos que con un noble fin como objetivo se dedican a las tareas a veces denominadas descabelladas."

"Ellos sean tal vez los verdaderos siervos del destino, ya que, debido a su deseo por mejorar, a veces tienen éxito a la hora de descubrir un avance que como resultado beneficia a muchos otros hombres."

"Además, es bueno que cada esfuerzo sea recompensado mediante un incremento en las posesiones del hombre que ha intentado o incluso conseguido tales cosas."

"La justicia establece que los inventores deben sustraer ciertas ganancias a partir de sus inventos, ya que esto les permitirá tener más tiempo para perseguir la creación de otros inventos novedosos."

Puede ser objetado, tal vez, que hay algunos hombres ambiciosos que no producen nada; aquellos hombres que se benefician de ganancias para sí mismos, y que no pueden expandir alrededor suyo la alegría que proviene de las contribuciones generosas.

Sin dudas el mundo está poblado por un gran número de personas egoístas, y seguramente sea difícil prevenir que sea así, pero sería un error muy grave el creer que todas esas personas juntas son inútiles.

La ambición no existe nunca sin un gran deseo de obtener todo lo que la gratifique, ¿y qué mejor para proclamar este éxito que liderar un gran séquito, dar banquetes, construir palacios o jardines espaciosos?

Incluso sabiendo que los hombres ambiciosos que han obtenido satisfacciones son de corazón duro y se niegan a trabajar para la caridad, ¿acaso los hombres que trabajan para él y para satisfacer su vanidad, no trabajan siguiendo una ambición: la de subsistir?

Por la ley de la evolución humana, el dinero obtenido por los ambiciosos será necesario para mejorar las condiciones de los humildes, de la misma manera en la que sus trabajos y descubrimientos siempre aumentarán el fondo de conocimiento público, porque únicamente el hombre "modesto" es capaz de guardar los resultados de su trabajo para sí mismo.

Aquel que obtenga la fama o la fortuna, en cambio, se apresura por hacer público hasta el más insignificante de los éxitos. Cierto, a veces lo exagera, pero la culpa no es suya únicamente; podría deberse al hábito de menospreciar a aquellos a quienes la suerte parece sonreír.

"Escuché un día," dijo el Shogun, "a un hombre al que creía de mente seria, relatar que había invertido tres años en completar un trabajo."

"Yo había seguido sus estudios con interés, y sabía que en realidad sus tareas le habían llevado en total ciento cincuenta días."

"Quedé, por lo tanto, sorprendido, y le pregunté por la causa de tal mentira, lo que me confundió aún más, conociendo su honestidad habitual."

"Niño," contestó él, "¿acaso no entiendes que si admitiera que estuve tan poco tiempo perfeccionando mi trabajo, las personas empezarían a encontrarlo incompleto o tomado demasiado a la ligera? No es suficiente el ser capaz. No debemos impresionar a nadie probando tener una capacidad superior a los demás, ya que ese tipo de aserción causa el sufrimiento de los envidiosos, que no tardarán en vengarse al minimizar el logro cuando lo comenten a los demás. En su modo de triunfar, al ponerse a sí mismos en la misma clase, incapaces de llegar al nivel de otras personas de mérito, tratan de bajar a esas últimas a su nivel."

El hombre ambicioso escapa a estas tretas baratas; está demasiado ocupado trabajando en sus propios proyectos como para darle importancia a celos insignificantes.

En pocas palabras, rara vez experimenta o le da atención al sentimiento de la envidia, ya que siempre está convencido de que tendrá éxito en superar el éxito de aquellos con los que está compitiendo por llegar a la misma meta que él.

Por otra parte, la ambición es un medio seguro y rápido para influenciar. Esto ocurre, en primer lugar, porque los hombres tienen siempre una tendencia a seguir a los hombres que los llevan en la dirección de la luz y del progreso.

Nuevamente, como siempre ocurre a partir de la consecución de la ambición, esas personas son las que llegan a obtener los honores y la fortuna.

No forma parte del plan de los exitosos el arrastrar tras de ellos a los incapaces o a los débiles; es por eso que su influencia sobre sus pupilos se extiende aún más a medida que éstos los imitan y los siguen.

Ocurre que el hombre ambicioso no está preocupado por el hecho de apoyar el desarrollo de alguien cercano a él que pueda ocupar su lugar en un futuro, cuando tenga más conocimientos.

Y aquí está una de las razones fundamentales por las que la ambición racional puede ejercer una influencia sobre la mente de los hombres. El afán de lucro o de distinción ata a los hombres a entrenarse bajo el mando de aquel que está en una posición como para enseñarles el camino.

Está en su poder el ser capaz de utilizar esa influencia para diseminar el bien y el amor por él a su alrededor; está en su poder el inculcar en los corazones de sus devotos aspiraciones por un fin noble; está en su poder el siempre poner a sus discípulos en guardia contra las dudas, que podrían llegar a tener el efecto de disminuir la belleza de su ambición.

Entre el hombre ambicioso y el hombre que duda está toda la diferencia que separa a la belleza de la fealdad. El primero actúa, con la cabeza en alto, y va hacia un objetivo definido que ha sido elegido tras un largo tiempo de reflexión madura; detesta los métodos mezquinos; busca únicamente obtener lo que se ha planeado para sí mismo.

Sigue su camino sin fijarse en las piedras que puedan obstaculizar su camino, con su corazón lleno de confianza, sostenido por la fe que tiene en su estrella, a la cual nunca pierde de vista, sin importar las nubes que puedan esconderla de a ratos.

Eleva su vista demasiado alto como para escuchar al enjambre de gente ordinaria y envidiosa que hace ruido alrededor de sus pies, está contento de apartarlos con la punta de sus zapatos; a menos que, sintiéndose acosado o atormentado por sus incesantes ataques, los aplaste bajo sus pies, como haría con un insecto molesto al cual primero tratamos de alejar, y destruimos sin culpa alguna para librarnos de sus aguijonazos constantes e irritantes.

El hombre que duda, por otra parte, rara vez se eleva por encima de la manada o de los deseos y sentimientos mundanos. A diferencia del hombre ambicioso, actúa sin ningún otro objetivo en vista que el de procurar para sí mismo algo de dinero y placer.

Ningún pensamiento elevado entra alguna vez en su cabeza

para quedarse mucho tiempo, y si lo hace, es considerado bajo un punto de vista de mercenario, y una vez que eso es realizado, se esfuma.

El deseo de distinción nunca le quita el sueño a este hombre; reduce todo a la estrechez de sus aspiraciones y no lleva a cabo ningún proyecto que no apele a sus instintos básicos. ¿Quiere decir eso que deberíamos despreciar al dinero y buscar la pobreza?

"No tan así," dice Yoritomo, "ya que el hombre pobre ejerce una influencia muy débil sobre las multitudes. Nuevamente, la mayoría de los logros demandan una aplicación e inversión de tiempo considerables, cosa que no podríamos permitirnos si estuviéramos obligados a preocuparnos por cómo conseguir como sea el pan de cada día."

"Es algo bueno, por lo tanto, encontrar los recursos que nos permitan perseguir un objetivo, sin estar obligados a dejarlo de lado para poder sobrevivir, lo que nos evitará el hecho de tener que tomar complicadas decisiones, sacrificando uno de los dos aspectos, como los más grandes líderes de los hombres han tenido que hacer en su tiempo, al no poseer tal ventaja. El objetivo es tener aseguradas las necesidades vitales básicas."

"Ese debería de ser el objetivo del hombre que desee conseguir honor, fortuna o distinción. Antes de aventurarse hacia los fatigosos caminos para conseguir tales cosas, debería existir la seguridad de que se puede lograr el objetivo sin arriesgarse a perderlo todo a causa del incumplimiento de las necesidades diarias que pueden provocar problemas en el camino."

No podemos hacer más que admirar una vez más la sabiduría de Yoritomo, quien una vez más está en acuerdo intelectual con los más grandes pensadores.

Theognis dijo: "El hombre que está venido a menos por la pobreza no puede ni hablar ni actuar; su lengua está atada y sus pies encadenados."

Eso es algo demasiado cierto; la pobreza es una desventaja, ya que obliga a aquellos que la sufren a rendir tributo a los afortunados del mundo. Es un obstáculo para todas las tareas que puedan requerir un esfuerzo sostenido y una mente serena, atributos que pueden ser obtenidos únicamente por aquellos que tienen el mañana asegurado.

Pero podrás decir: no todos pueden ser ricos, y muchos, intentando convertirse en ricos, han conocido la pobreza; ¿no es entonces un obstáculo insuperable?

"La pobreza," dijo el Shogun, "es un estorbo si consiste de una necesidad absoluta, y en ese caso ello se debe usualmente al resultado de la holgazanería o al mal manejo de nuestros asuntos."

"No deberíamos considerar pobre a un hombre que gana lo suficiente como para vivir miserablemente, pero cuya tranquilidad de espíritu no puede ser cambiada por sufrir la falta de algunas necesidades."

"Rara vez disfruta de ser independiente, ya que para vivir debe aceptar muchas humillaciones o invertir una buena porción de su tiempo en actividades que tienen como objetivo el aseguramiento de su calidad de vida."

"Si es sincero en sus esfuerzos, no permanecerá siendo pobre por mucho tiempo, ya que pronto encontrará empleo, sin importar cuál sea, y si está dotado de ambición, rápidamente tendrá éxito a la hora de distinguirse por ello."

"Desde ese momento en adelante, la pobreza no será más que un espectro del pasado, ya que esa persona trabajará para mejorar su posición y pronto se convertirá en alguien envidiado. La pobreza es posible únicamente si es por voluntad propia, lo que quiere decir que la misma es resultado de una decisión. La persona pobre, en este caso, prefiere esa condición a una más brillante pero menos independiente. No obstante, la riqueza es la clave para muchas maravillas, y es sobre todo la clave para ganar mucha influencia."

"El hombre que tiene grandes posiciones no está únicamente en una mejor posición para hacer que sus empleados escuchen sus palabras, sino que el prestigio de su éxito lo rodea con un aura de influencia, la cual, si es sabio, utilizará para mejorar a todos los que lo rodean."

"No recibimos bondad de una mano vacía. No podemos esperar nada de un hombre que está siendo atormentado día y noche atormentado por la preocupación de lo que le sucederá mañana. ¿Qué palabras pueden salir de una boca que está sellada por el hambre?"

Es cierto que la fortuna, considerada simplemente desde el punto de vista de la riqueza, no es un ideal exaltado, pero debemos sin embargo darle la bienvenida, ya que es la consagración del éxito y un poder que el hombre sabio sabe cómo utilizar para el bien de sus compañeros.

Es un medio para cautivar el interés e influenciar a las multitudes, ya que la gente siempre estará dispuesta a escuchar los consejos de un hombre que ha tenido la habilidad de adquirir grandes posesiones.

Está entonces en las manos del hombre que ha sido capaz de adquirir este poder del dinero el hacer uso de él para establecer una influencia benéfica sobre las mentes de aquellos que han depositado su confianza en él.

Tras sus anteriores éxitos, éste no será uno indiferente para el hombre que, habiendo monopolizado el imperio del dinero, estará orgulloso tras haber ganado la autoridad del imperio de la mente.

Gracias al prestigio que sus riquezas le confieren será capaz de expandir los rayos de su influencia tan lejos como lo permitan los límites de la atracción del pensamiento, y así como se va mostrando ante el mundo, reunirá a su alrededor un grupo de hombres valientes e inteligentes, listos para imitarlo a la hora de expandir las ideas que este hombre les ha inculcado, y para hablar como él les ha enseñado.

"No esperes que el objeto deseado vaya hacia ti; levántate y empieza a buscarlo. Cuando lo hayas encontrado, lo habrás conquistado, y cuando se convierta en tu posesión, reunirás a tus amigos para que compartan contigo tu buena fortuna y les contarás cómo ese objeto ha llegado a tus manos."

Y al actuar así, se deberá seguir la enseñanza de Yorimoto, quien dijo:

"La ambición es una puerta que se abre hacia jardines maravillosos, pero los afortunados que han logrado entrar no deberían parar ahí; irán más allá de la entrada para investigar el camino, y así poner una señal para los que puedan estar pasando por allí, marcando el camino hacia el magnífico lugar."

Y este otro profundo psicólogo añade:

"Un descubrimiento no provoca una alegría real al descubridor hasta que éste lo anuncia, y deberíamos regocijarnos por la existencia de esta ley casi universal, porque a ella se debe el mejoramiento que ha tenido sus bases en la evolución a través de la ambición, cuya feliz influencia despierta el instinto de conquista, el cual está durmiendo en el pecho de todo hombre que merezca ser llamado así."

Mediante la perseverancia

Así como en la persuasión y en como dar el buen ejemplo, la perseverancia se encuentra, entre los agentes más activos de la influencia. Es una facultad nacida en los hombres que están conscientes de su poder, hombres que, por virtud de su fe en su propio mérito, llegan a lograr cosas apoyados en esa confianza que da origen a todos los éxitos notables y a todos los logros productivos.

La perseverancia es el triunfo de la fuerza de voluntad por sobre la debilidad de voluntad; es el resultado de un profundo estudio de las causas determinantes, combinación de las cuales está destinada a terminar de manera exitosa; es, en pocas palabras, el lento pero seguro avance hacia un objetivo que va asumiendo una silueta más definida a medida que nos acercamos a él.

Pocas personas nacen con cucharas de plata en sus bocas, pero todo el mundo puede apuntar a conquistar una fortuna mediante una serie de esfuerzos continuos y racionales.

El hombre que desea saltar treinta codos[5] con un solo salto

---

[5] Aproximadamente 13,5 metros.

podría pasar toda su vida haciendo intentos ridículos, pero si desea ir incrementando los pasos que lo llevarán hasta esa altura, lo obtendrá, tarde o temprano, de acuerdo a la destreza, la agilidad y la perseverancia que demuestre.

El suelo sobre los que damos pasos en esta vida, es cierto, están frecuentemente hechos de piedras temblorosas. Hay espacios entre ellas que hacen que uno se maree, ya que son tan inseguras que es difícil mantenerse de pie sobre ellas.

Este es el punto en el que aquellos que poseen la virtud de la perseverancia se distinguen: mediante su voluntad inquebrantable pueden protegerse ante cualquier peligro; hacen equilibrio sobre las piedras inestables casi en puntas de pie, y avanzan dando el siguiente paso. Si se ven hipnotizados por las nauseabundas profundidades que se muestran debajo de ellos, rápidamente levantan su cabeza y prosiguen hacia delante, manteniendo los ojos fijos en su estrella, y se cuidan de posibles resbalones asegurándose de que cada pie está asegurado antes de dar el siguiente paso.

"Por cuanto la perseverancia es la madre de muchos dones, de ella nace la prudencia, que va de la mano con la aplicación y la paciencia. Es increíble hasta qué punto el hombre está dotado de paciencia para una prueba en contra de las trampas del destino. La esperanza y la alegría son dos argumentos innegables en la mayoría de las circunstancias, pocas tareas pueden resistir su influencia combinada."

"Se dice que el gran erudito Yuan-Shi, afectado por el carácter agrio de su esposa, que estaba celosa de su conocimiento, no podía encontrar manera de trabajar en su casa, ya que esta arpía iba tan lejos como para tirar sus manuscritos y quemar las hojas de papel vitela en las cuales él escribía sus pensamientos."

"Por este motivo resolvió que, cuando estuviera en su casa, dividiría su tiempo entre la jardinería y la contemplación o pensar. Pero desde el momento en el que se subió al palanquín que lo llevaba diariamente desde su casa en las afueras hasta la ciudad donde trabajaba, se recuperó de su inactividad forzosa. De esta manera produjo, después de unos meses, un trabajo de gran valor, el cual fue universalmente comentado y admirado."

"Las noticias de ello llegaron a oídos de su esposa, que le preguntó muy sorprendida cómo había encontrado tiempo para escribir, considerando que además de ser profesor no estaba involucrado en ninguna otra ocupación intelectual."

"Yuan-Shi era un alma simple; así que le contó cómo había logrado reconciliar su trabajo con la falta de razón de ella. Su mujer se vio tan afectada por esa prueba de que él no deseaba molestarla, y tan impresionada por la voluntad calma e indomable de su esposo, que desde ese día en adelante dejó de prohibirle trabajar en cosas que le dieran distinción, y esto salvó definitivamente la relación."

Nuestra civilización moderna se jacta de tener muchos ejemplos de aplicación asidua: el doctor Good tradujo "Lucréce" mientras visitaba a sus pacientes; tenía en su carruaje todos los materiales necesarios para la traducción del libro, y de esa manera aprovechaba los minutos que pasaban entre cada visita médica.

El doctor Darwin hizo lo mismo; escribía sus notas mientras hacía sus rondas de chequeo médico, y al regresar a su casa simplemente debía clasificarlas.

Uno también podría mencionar a un hombre llamado White, que era empleado en una oficina legal, y que aprendió griego en los viajes que tenían lugar desde la oficina hacia su casa. Conocemos el caso de Aguesseau, que utilizaba el tiempo que ocurría entre el anuncio de las comidas y cuando los trabajadores tomaban sus lugares en las mesas, para escribir un libro excelente, el cual sonrientemente presentó a su esposa como una lección práctica de metódica y perseverancia.

La historia es rica en anécdotas similares, y ello prueba indudablemente aquel dicho de Bossuet: "Un poco basta para cada día, si a cada día se le da un poco."

¿Reconocemos cual sería la producción obtenida a partir de una hora inutilizada del día, en la cual simplemente desechamos gotas de nuestra vida, las cuales son tragadas por los pozos de la eternidad?

"Aquel" dijo el Shogun, "que corte alguna rama de un árbol todos los días, terminará por abrirse un camino a través del bosque más denso en cuestión de tiempo."

Y añade tranquilamente:

"Pero no debería pensar en volver hacia atrás, ya que las ramas crecen otra vez y se encontraría con que su camino fue cerrado."

Eso quiere decir que la perseverancia nunca debe disminuir en su intensidad; la vuelta atrás no está permitida para aquellos que expandan el camino para que lo sigan sus discípulos, y no podemos dejar de repetir que:

Es mediante el poder del esfuerzo personal y la aplicación que las más brillantes y sólidas reputaciones son formadas.

"La experiencia" dice G. A. Mann, "nos dice que debemos ser, para tener éxito, sistemáticos en todo lo que hagamos y también cultivar la perseverancia; si no poseemos esas dos cualidades deberíamos desarrollarlas, y eso se logra mediante el pensamiento constante en ellas y la contemplación de las ideas que representan."

"¡Persevera entonces! ¿Con qué fin, preguntas? Simplemente porque perseverando es como formas tu voluntad y además tienes la oportunidad de cumplir con tus objetivos."

"¿Perseverar como un bruto? No necesariamente. Es necesario que para continuar lo que hayas empezado tu voluntad, tu inteligencia y tus sentidos estén siempre en alerta."

"Es la actividad incesante sobre ti mismo la recompensa por tu esfuerzo. El camino que elijas tomar tal vez no te lleve hacia donde deseabas dirigirte, pero probablemente te llevará hacia un lugar mejor. Y a causa de tu caminata te convertirás en un mejor caminante, y esto será debido al impulso que necesitaste para ser capaz de mantener tu objetivo en mente, y eso es tener éxito. La voluntad sin perseverancia y sin metódica no podría existir."

La perseverancia admite una combinación de cualidades activas y de virtudes que podrían ser llamadas pasivas, ya que no requieren ningún esfuerzo aparente. Sin embargo, ellas son más extraordinarias de lo que uno podría creer, ya que no siempre están presentes en las mentes débiles.

Éstos últimos únicamente con dificultad pueden concentrarse en una tarea que requiera de poca atención; son esclavos de la inestabilidad de sus impresiones; los comienzos, aunque complicados, siempre los hayan llenos de entusiasmo, pero pronto ese fervor se enfría, y si el éxito no se presenta ante ellos rápidamente, no tardarán en rendirse con el proyecto y dedicarse a otro que crean que podrá tener una finalización agradable.

La acción incesante también puede ser reconocida como una de las virtudes anteriormente mencionadas, pasiva de hecho pero indispensable, y de la cual tan solo hemos hablado. La práctica de doblegar la voluntad de uno sirviendo a un propósito es a veces un talento de alto orden, ya que es una de las mejores maneras de ganar la simpatía de aquellos que están hablando con nosotros.

"Odio" dijo Yoritomo, "a esa clase de personas que dejan que sus pensamientos vaguen ciegamente en vez de buscar obtener beneficios de lo que escuchan. Nada es más desconcertante que sentir que la atención de alguien a quien le estás hablando está a la deriva entre sus propios pensamientos mientras estás intentando convencerlo con tus propias palabras."

"Esta falta de atención es siempre lo que denota una voluntad vacilante en una persona, que no puede ni obligarse a sí misma a seguir una idea mediante la concentración de sus poderes mentales o de la evaluación de los varios aspectos que se presentan ante ella."

"Cuando se está lidiando con empleados o subordinados, esa frívola falta de atención puede llegar a pasar como un gesto de desprecio; además, es algo inversamente proporcional a la influencia que podemos llegar a ejercer sobre ellos."

"¿Qué deberíamos pensar acerca de un jerarca que viene a ser consultado por un pobre hombre, y que en vez de escucharlo amablemente se ocupa a sí mismo como si estuviera solo, dándole órdenes a sus sirvientes y dejando que los músicos sigan tocando?"

"El desafortunado hombre se iría de la casa del señor con una mala impresión, y si alguna otra vez necesitara ayuda o consejo, se encargaría él mismo de manejar la situación en vez de presentarse nuevamente ante el hombre que lo trató con tal desdén anteriormente."

"La influencia sobre los demás se adquiere especialmente mediante la perseverancia de la voluntad y la concentración del pensamiento, cuyas ondulaciones proyectadas alrededor nuestro se dirigen hacia las mentes de aquellos a los que deseamos impresionar."

Y, entrando una vez más en el dominio de la psicología, el Shogun nos habla acerca de este fascinante misterio del contagio de pensamiento, que de acuerdo con él es una causa principal de la influencia, y no puede fallar si es producto de la perseverancia de la determinación:

"No hay duda," dijo, "de que el pensamiento es un factor contagioso de la influencia, sea buena o mala."

"¿Quién no ha tenido la oportunidad de verificar esto con el caso del miedo?"

"Si dentro de un grupo compuesto por las personas más valientes que se puedan encontrar, tomados de manera individual, uno es atacado por el miedo y puede expresarlo de manera vigorosa, tendrá éxito a la hora de contagiar este sentimiento de malestar y desasosiego a todos los demás, tal vez en distintos grados."

"Hay pocos guerreros valientes que en medio de una situación concerniente a los misterios del mundo del más allá no sienten ni el más mínimo escalofrío, que ni un escenario de matanza al por mayor, junto con el hecho de ser consciente de los más graves peligros, podrían haberle provocado."

"Este fenómeno, causado por la irradiación del pensamiento, es una prueba innegable de la influencia que éste puede ejercer, ya que no es solo posible penetrar en las mentes que son tocadas por las ondulaciones de nuestros propios pensamientos, sino que los pensamientos de otros, estimulados por los nuestros, vuelven hacia nosotros en las mismas ondulaciones que salen de nuestros cerebros."

"Por eso es que vemos frecuentemente que aquel que deseaba expandir el miedo a su alrededor siente el mismo miedo al recibir las mismas ondas de pensamiento que ha producido en su audiencia."

"Pasa lo mismo con la risa. Hay muy pocos que puedan resistirse a la infección de un arranque de risa; incluso para aquellos que están menos inclinados a sentirlo, el disfrute de la risa es infecciosa en gran medida; siendo algo primero involuntario, mecánico, pronto se convierte en algo natural, de tal manera que cuando el momento se termina, la expresión más simple puede asumir en la imaginación un carácter tan cómico que la risa aumenta hasta el punto de no ser capaz de pronunciar tal expresión sin sentir un arranque nuevo de carcajada."

"¿Pero qué sucede si al día siguiente deseamos relatar el incidente?"

"No estando ya sometidos a la influencia atractiva del pensamiento de otros, ya no recibiendo las ondulaciones de sus mentes que anteriormente nos habían llegado, nuestro estado mental es tan distinto que percibimos el vacío (a veces deberíamos decir la estupidez) de lo que nos había causado tanta gracia en su momento. Ya no nos reímos de ello y es imposible que entretengamos a otros con eso."

"Por otra parte, si el relator – ya sea a propósito o de manera espontánea – comienza a reírse él mismo al recordar lo que está a punto de relatar, sería raro que frente a tal alegría, si es genuina, los demás presentes en la situación no comiencen a reírse. Primero reirán por contagio, y después por necesidad, porque el regocijo y la alegría son lo que predomina en el pensamiento."

"Lo que acabamos de decir acerca del asunto del miedo o el de la risa se aplica para todo lo demás."

"Con perseverancia tendrás éxito a la hora de conseguir efectivamente penetrar las mentes de tus oyentes con tus pensamientos, los cuales atraerán pensamientos similares, y sus ondulaciones volviendo hacia ti incrementarán tu convicción, dándote más poder para esparcir a tu alrededor."

Es desde este punto de vista que el Shogun se propuso oponerse a la emisión de pensamientos malvados:

"Es" dijo, "un arma que siempre se vuelve en contra del hombre que haya hecho uso de ella."

"¿Qué podemos esperar de aquellos cuyas mentes germinamos con maldad y un deseo por actuar de acuerdo a ella? Tan pronto como ellos mismos comienzan a creerse capaces de hacerlo es en contra nuestra que buscarán expresarse primero que nada, y lo harán incluso involuntariamente, al devolvernos nuestro pensamiento magnificado y desfigurado, para que debamos enfrentarlo sin siquiera reconocerlo."

"Puedes darte cuenta de por qué la perseverancia debería ser utilizada únicamente para obtener el bien, y tan pronto como pensemos que nos hemos asociado con él, será nuestro deber el inculcar sus principios en aquellos que, viviendo alrededor nuestro, están sujetos a nuestra influencia."

"Pero no debemos limitar nuestros esfuerzos a esto; debemos apuntar más lejos y más alto; no será suficiente con iniciarlos en las cosas buenas, también debemos inspirarlos para cultivarlas, y para conseguir ese fin tendremos que estimular su deseo para desarrollar la perseverancia, que es lo que hace posibles las tareas más difíciles y nos da un poder ilimitado."

"Como si fuera algún instrumento de acero, la gota de agua perfora la roca, se abre paso a través de la piedra más dura y, sin disminuir sus esfuerzos, prosigue con su tarea, la cual el instrumento de acero podría haber comenzado de manera más exitosa tal vez, pero el rompimiento o el desgaste de la herramienta termina por interrumpir su trabajo forzosamente. Sin embargo, este trabajo es completado por la eterna gota de agua, que lo consigue mediante su tenacidad y la perseverancia de su accionar."

"Por lo tanto, no busques forzar a las mentes de movimiento lento; rodéalas, penétralas con tu perseverancia y su influencia, a veces misteriosa pero siempre segura, que se disipará en ondulaciones benéficas, cuya acción creará poder."

Mediante el prestigio obtenido
de la concentración

La concentración es una de las fuerzas más maravillosas que puedan ser concebidas. Sin la concentración ningún tipo de éxito es posible; si está presente debemos considerarlo como una cuestión de suerte, no prestar demasiada atención a su duración, y recordar el dicho popular que dice:

"El que viene con el sonido de la flauta se vuelve al sonido del tambor."

En otras palabras, lo que una circunstancia casual ha traído podría irse sobre las alas de un evento imprevisto. Muy distinto es el éxito que obtenemos mediante la razón, y que habiéndolo buscado y deseado con todos nuestros poderes, hemos agotado todos nuestros esfuerzos para evocarlo y ya no lo aferramos contra nosotros mismos por miedo de que nos fuera a abandonar.

El hecho de ser fiel a una idea es siempre el paso inicial hacia todo éxito. Ya que si una idea no tiene tiempo para generarse en casa con nosotros; si lo que formalmente se llama cristalización del pensamiento no ocurre desde la creación de la idea misma, nos será imposible darle una forma definida, y por lo tanto, se esfumará como humo.

Si, por otra parte, sabemos cómo poner en práctica la concentración, esta idea pronto se convertirá en un centro de organización alrededor del cual la asociación de ideas vendrá para reunir las razones que determinarán la acción que tenemos en mente.

"Los pensamientos son cosas," dijo Prentice Mulford. Sin desear seguirlo en su oscura explicación de esta frase, es fácil imaginarse lo verdadera que es al ver que al pensar profundamente en alguien tenemos éxito al imaginarnos para nosotros mismos algo casi tangible.

"No hay duda," dijo Yoritomo, "de que la concentración desarrolla todos nuestros sentidos y los lleva hacia un grado de agudeza increíble."

"Nos acompaña en lugar del conocimiento, ya que por medio de ella adquirimos la facilidad, es decir el don, de darnos cuenta rápidamente de las cosas de las cuales hemos formado una concepción. No hay escrito o incluso manual cuyo entendimiento no nos sea facilitado por la concentración."

"Si un hombre tuviera que levantar algún objeto muy pesado, ¿piensas que de verdad tendría éxito si ocupara su mente en cualquier otra cosa? ¿Piensas que podría lograrlo si lo único que estuviera en su mente fuera "deseo levantar esto"?"

"Al intentarlo sus nervios estarán tensionados, todas sus facultades actuando al servicio del acto en el cual una fuerza va a ser necesaria; su cerebro hará lo posible para asistir al esfuerzo físico, porque los músculos son esclavos de la voluntad; él, por lo tanto, que tiene éxito a la hora de concentrarse en esta tarea manual, seguramente la ejecutará con un cansancio mínimo, porque será capaz de utilizar toda su fuerza, y se salvará de disiparla en cosas innecesarias, concentrando todas sus facultades de atención, cálculo, ingenio y poder muscular para triunfar."

"Es así como tantos malabaristas consiguen la perfección en su arte; ya que mediante la concentración han llegado a tal punto de auto abstracción que nada existe para ellos excepto su actuación en particular."

"Pero si un día, en un arranque de pasión, permitieran que sus pensamientos vagaran hacia el objeto de su enojo o amor, se encontrarían con que ya no son sí mismos; sus acciones se convierten en inseguras, cometen errores, y al final terminan siendo incapaces de recuperar su tranquilidad, excepto que hagan un esfuerzo violento que los aleje de las fantasías y les permita reunir todos sus pensamientos en el lugar correcto una vez más."

"El hecho de pensar en la tarea que estamos ejecutando, pensar únicamente en ella, concentrar todas nuestras energías en ella y olvidarnos de todo lo que sea externo a ella, es el secreto para tantos éxitos, la explicación de tan buenas suertes, y también de la inmensa influencia que ciertos hombres ejercen sobre sus compañeros."

"Debemos" dijo el Shogun, "ser capaces de concentrarnos en lo que estamos haciendo en el momento, y forzar a nuestra atención lo más que se pueda, de manera que podamos influenciar a otros para imitarnos. Somos los moldeadores de nuestro destino, y deberíamos aspirar a convertirnos en los moldeadores del destino de otros."

"Para conseguirlo nada nos debería parecer insignificante, y si pensamos de manera cuidadosa veremos que todos nuestros actos, por más ordinarios que puedan parecer, si están ejecutados con el deseo de hacer el bien, nos estarán llevando un paso más cerca de la realización de nuestros objetivos, y si no son ejecutados individualmente, podrían poner en peligro el éxito a nivel general."

Y en este logrado lenguaje, el Shogun añade:

"¿Qué diferencia hace un eslabón más o menos en una cadena de varios metros? Sería algo tan poco importante que su ausencia ni sería percibida. Sin embargo, si este eslabón está mal elaborado, este detalle insignificante bastará para romper la cadena entera."

"Toda tarea está formada por una cadena de acciones más o menos infinitésimas; la perfección de cada una de ellas contribuye al todo, y a veces es suficiente una pequeña imperfección o flojera en el desempeño para que una de estas acciones ponga en riesgo el éxito del proyecto entero."

De hecho, ¿quién de nosotros no ha lamentado alguna vez el ser negligente con respecto a algo que ha terminado por hacer fracasar el resultado de un proyecto?

En esta era de la electricidad y la vida estresada, estos hechos son incluso más reales que si se trataran de otra época. ¿No sucede todos los días que el hecho de perder un tren provoca pérdida de beneficios en algunos negocios debido a los retrasos que escapan a la voluntad de los pasajeros?

Ahora, si deseamos ser perfectamente sinceros con nosotros mismos, deberíamos admitir que en la mayoría de las ocasiones esta demora es debida únicamente a nuestro propio descuido; nos tardamos demasiado en nuestras comidas, o perdemos el tiempo charlando, algo que podríamos haber recortado fácilmente.

Todo el problema se originó a partir de la necesidad de concentración, la cual nos permitió perder de vista aquello que debió ser para nosotros de la más suma importancia. Si reflexionamos bien acerca de esto, veremos que la mayoría de nuestros problemas podrían ser ocasionados por nuestros propios descuidos. Toma el caso, si deseas, que acabamos de mencionar: un tren perdido evita el establecimiento de un negocio importante.

La gente no pensante se escapará de esto diciendo: "me fue imposible"; sin embargo, aquellos otros, cuyos pensamientos son dirigidos por una mente maestra que es experta en la concentración, reflexionarán, revisarán mentalmente todos los eventos del día y concluirán, por lo tanto, que ellos son los responsables de que tal cosa haya sucedido, afectando a sus intereses.

¿Qué podrían o deberían hacer? Simplemente dedicarse a practicar uno de los ejercicios más recomendados por los pensadores: concentrar sus facultades en la actividad principal del día, el cual sería el establecimiento del negocio que requería su presencia, y una vez evaluada su importancia, adecuar sus actos a ella.

De esta manera habrían evitado perder los últimos minutos de la hora que provocaron que fallaran, ya que, llenos con su determinación, habrían concluido rápidamente cualquier asunto que no hubiese sido indispensable terminar, como por ejemplo una conversación que fuera menos importante para ellos que el viaje que tenían que emprender.

"Cada día," dijo Yoritomo, "llega con una serie de deberes de diversa importancia; debemos saber cómo distinguir aquello que debería se priorizado ante lo demás, y adecuar nuestra forma de vida de acuerdo a eso."

"Todo lo que hacemos debería guardar alguna relación con ello; incluso si ciertas cosas parecieran mutualmente exclusivas, no deberíamos evitarlas en la medida que formen parte del conjunto de cosas que son necesarias para llegar a determinado objetivo para el fin del día. Al no ser capaces de sacrificar nada, frecuentemente tenemos éxito a la hora de no lograr nada."

"Conocemos la historia del hombre que un día encontró a dos ladrones en su jardín y salió a perseguirlos. Corrió tras ellos durante un buen tiempo, hasta que en un punto del camino, uno se desvió hacia la derecha, mientras el otro siguió por el mismo camino. El hombre, indeciso por un momento, se apresuró a tomar el atajo, diciéndose a sí mismo que podría atrapar más fácilmente al que había tomado esa ruta, pero después de un tiempo, ya sin aliento, percibió que no era tan rápido como el ladrón, y pensó para sí mismo que el otro era más grande y gordo, y en ese aspecto más fácil de alcanzar."

"El hombre, entonces, fue marcha atrás y se apresuró a volver al camino principal; pero el hombre al que había estado persiguiendo, a pesar de su agilidad, fue capaz de ganar terreno con el tiempo, por lo que ya no estaba al alcance del perseguidor. Pronto, el hombre se dio cuenta de que había desaparecido, y sus vecinos se burlaron de él."

¿Cuántas veces actuamos de esta manera, sin percibirlo, cuando perseguimos dos fines distintos y los dejamos a mitad de camino, primero uno y después el otro, de acuerdo a la inclinación de nuestro ocio o de nuestros caprichos?

Esta falta nunca será cometida por aquellos que practiquen la concentración. Nunca se arriesgarán a verse como un hazmerreír delante de sus contemporáneos, como lo hizo el hombre del que habla Yoritomo, ya que saldrán a perseguir su objetivo solamente tras haber reflexionado profundamente en las posibilidades de éxito, y tomarán cada precaución necesaria para no abandonar su tarea hasta haberla llevado al final deseado.

Aquellos que estén adecuadamente preparados para tal tipo de reflexión deberían ponerla en práctica habitualmente mediante la contemplación de un pensamiento. Es bueno mantener la atención en alerta y abstenerse de ceder ante cualquier distracción,mediante la repetición de uno o varios dichos que tengan relación con tal pensamiento, dándole una forma concreta y definida, convenciéndonos de la necesidad de la concentración.

Otros métodos también son utilizados con éxito: están comprendidos de ejercicios armados que deberían ser practicados por todos aquellos que deseen dominar cualquier ciencia, la que sea. De estos métodos, varios ya eran conocidos en la época de Yoritomo, y es incluso él quien nos recomienda el método "del collar":

"Toma" dijo, "un collar que contenga aproximadamente 200 cuentas de jade o de cualquier otra piedra, si es que no te puedes permitir conseguir joyas. Ten cuidado de no amontonarlas demasiado para poder quitarlas fácilmente y hacerlas deslizarse lentamente una sobre la otra, contando diez entre cada cuenta."

"Tu mente en este tiempo debería estar concentrada en tan sólo una cosa: permitir el mismo espacio de tiempo entre las cuentas, eso quiere decir que no hay que contar los números demasiado rápidamente o demasiado lentamente, y para hacerlo así durante todo el tiempo que dure el ejercicio no hay que pensar en nada más que en BUENO."

"Cuando encuentres imposible mantenerte a la par de tu pensamiento, revívelo tan pronto como empieces nuevamente.

Al principio no será positivo extender el experimento más allá de cinco o seis cuentas. Más adelante puedes incrementar ese número, y algunos pensadores dicen haber tenido tal dominio sobre su imaginación que llegaban hasta el final del collar sin demorar nunca."

Con el mismo collar, el Shogun nos muestra incluso otro ejercicio:

"Desprenderás", dijo, "un puñado de cuentas (sin contarlas), de tal manera que no sepas el número exacto que has tomado, y, habiendo armado el collar nuevamente, dejando el lugar del vacío a la vista, que servirá de lugar de inicio, contarás en voz alta cada cuenta que muevas con la yema de tus dedos."

"Habiendo hecho eso, lo harás tres veces nuevamente; si te encuentras con que obtienes el mismo número cada vez, esto quiere decir que tu poder de concentración ha sido suficiente como para mantener tu atención y no dejarla dispersarse."

"Cuando encuentres un número distinto, deberías empezar nuevamente hasta que obtengas el mismo resultado tres veces seguidas."

Podríamos reírnos ante la simplicidad de estos métodos, pero sin embargo, aquellos que son devotos practicantes de la concentración saben lo difícil que son de conseguir esos resultados si desean ser sinceros consigo mismos. Antes de obtener el mismo número de cuentas tres veces, frecuentemente deben experimentar repetir el proceso una y otra vez durante veinte veces, ya que el pensamiento se escapa fácilmente cuando uno no puede mantenerlo en su lugar.

El Shogun nos recomienda incluso otros ejercicios:

"Siéntate" dijo, "cómodamente en un asiento lo suficientemente blando como para impedir que sientas molestias; esto es muy importante, ya que mientras menos incomodidades físicas experimentas, menos se distrae tu atención en sentimientos de malestar."

"Habiendo arreglado eso, descansarás tus manos en tu pecho, con las palmas bien abiertas y los dedos estirados."

"La mano izquierda deberá ser colocada cerca de la faja y la otra cerca de la garganta; lentamente moverás la mano izquierda hasta la cintura mientras lentamente levantas la otra hasta donde llegue el cuello, teniendo el cuidado necesario para que cuando las dos manos se encuentren, se toquen entre sí la yema del dedo corazón de la mano izquierda con la yema del dedo corazón de la mano derecha."

"Durante los pocos minutos que dure este ejercicio lo harás de tal manera que no pensarás en nada excepto en tener el cuidado de dejar que los dedos se toquen en medio del pecho, prestando atención a la sincronización."

"Te forzarás a ti mismo a no pensar en nada más durante este período."

Esto es lo que nuestros filósofos modernos nos recomiendan bajo el nombre de "desvitalización." La Desvitalización es el acto de aislarse a uno mismo del exterior y de sensaciones morales; es como una especie de detención del pensamiento, o más bien una ruptura del mismo, durante la cual uno se enfoca en algo tan ordinario que surge una versión de nosotros más razonable.

Este es el primer paso que lleva a una de las formas más satisfactorias de concentración: el aislamiento. Sin el aislamiento la meditación no es posible, y en consecuencia existen grandes dificultades en la concentración. Ahora acabamos de ver qué papel cumple esta facultad a la hora de entrenar la mente. Es ella la que nos permite reunir nuestros poderes físicos desperdigados en un único punto para utilizarlos con un propósito.

Atkinson recomienda que nos dediquemos al estudio de cualquier objeto, el que sea, y que nos forcemos a nosotros mismos a limitar nuestros pensamientos únicamente a ese objeto. Pero esta meditación podría formar excusas para cualquier divague mental. Él nos aconseja tomar una hoja de papel y concentrarnos únicamente en la idea de este material; ¿pero no es esto acaso una peligrosa excusa para que la imaginación entre en juego?

Reflexiona sobre esto: este pedazo de papel alguna vez formó parte de otro material. ¿Qué material? ¿Acaso formaba parte de la muselina blanca de un velo de novia? ¿O era, por otra parte, el frágil tejido en el cual una cortesana se envuelve a sí misma? ¿Qué manos lo transformaron? ¿En qué procesión religiosa o en que casa miserable fue utilizado?

Más tarde, ¿mediante cuales transformaciones fue a convertirse en un trozo de papel? La imaginación sigue alimentándose y despertando nuevos pensamientos. Nos imaginamos la atmósfera de una fábrica, pensamos en procesos de manufacturación, etc. Podrás darte cuenta de que estamos muy lejos de estar concentrados en la tarea que nos compete. Sin dudas, Yoritomo también lo cree cuando dice:

"Si deseas dedicarte sinceramente a la práctica de la concentración, protégete a ti mismo de permitir que tus pensamientos vaguen desde la corola hasta el tallo de la flor."

Esto se refiere a que únicamente el objeto, y el objeto estrictamente, debería ocupar tu atención si de verdad deseas tener éxito a la hora de controlar tu atención hasta el punto en el cual responda a tu primer llamado como un sirviente obediente. Muchas personas ignorantes piensan que tienen una buena excusa entre manos cuando dicen:

"No es mi culpa, se me olvidó."

Sin sospechar que el olvido es en sí mismo la culpa por la que no desean ser responsabilizados. Es una excusa fácilmente asignada por aquellos cuya inestabilidad moral es tan evidente que son incapaces de hacer un esfuerzo que valga la pena por su propia cuenta. La diferencia entre la meditación y la concentración reside en la mayor libertad otorgada a la persona en la primera de estas actividades.

"La meditación," dijo Yoritomo, "es como un blanco en el cual la concentración sería el punto del medio. Cada flecha que golpea este punto sin dudas ha cumplido con su objetivo, pero aquellas que se estremecen en el centro son las únicas que, en caso de defensa, podrían haber bastado para hacer que nuestro enemigo muerda el polvo."

Y añade:

"La meditación es algo valioso, porque es como un descanso; es una especie de anestesia mental que nos permite tener fe en nuestra libertad de pensamiento, incluso cuando todavía lo estamos confinando, pero con más libertad que durante la concentración."

"No podríamos dedicarnos a una meditación fructífera sin estar preparados para su auto absorción. Necesitamos entonces permitir que nos penetre lentamente la idea que deseamos entender y todas las influencias que deseamos recibir."

"Pero debemos temer a un formidable enemigo: la distracción. No hay nada más difícil para aquellos que no practican habitualmente este ejercicio, que meditar exitosamente, ya que dejan que los pensamientos vayan tras de ideas que, si bien están conectadas la una con la otra, al final terminan removiéndolo a uno completamente del punto de comienzo."

De hecho, todos hemos experimentado la sensación de la que habla el Shogun: nos ha sucedido a todos, tras largos períodos de reflexión, el encontrarnos a nosotros mismos muy alejados del asunto en el cual deseábamos enfocarnos, y entonces ahí es cuando deseamos saber cuál fue el camino que tomamos para desviarnos de la idea original, y nos damos cuenta de la increíble - pero imperceptible en su momento — concatenación de pensamientos, los cuales, sin parecer ajenos al propósito de la meditación, nos han llevado en direcciones completamente indeseadas.

Esa es una de las fases más comunes de la distracción, la enemiga de la concentración. Es por esto que Yoritomo nos advierte a la hora de meditar, ya que los sueños son los hermanos engañosos de esta actividad.

"Estemos atentos," dice, "para no entregarnos a lo que comúnmente se le llama el soñar despiertos, ya que podríamos adquirir el indeseable hábito de permitir que nuestra atención se adormezca. Soñar despierto es una trama sobre la cual la imaginación borda flores deformes, agrupándolas sin sentido a su dulce antojo; estas flores son imaginarias y pronto sus colores desaparecerán.

"Soñar despierto es una pérdida de energía, nos lleva consigo y no podemos dirigir el proceso. Por este motivo es algo particularmente peligroso, ya que destruye nuestras fuerzas físicas y perjudica el desarrollo de poderes mentales fuertes."

Se dice que fue con esto en mente que a mediados del siglo doce Santo Domingo inventó el rosario. Pensó, como nuestro filósofo japonés, que la meditación es tan cercana a soñar despierto, que uno debería buscar controlar el proceso mediante la remoción de tentaciones que puedan originarse debido a la volatilidad de la imaginación por impulsos físicos.

La enumeración de las pequeñas cuentas no tiene otro significado; dado que la atención puede haberse desviado durante la típica repetición de los diez "Ave María", existe una onceava cuenta, separada de las demás y notablemente más grande, que sirve para recordar a sus usuarios el cambio de fórmula y trae a las mentes más distraídas nuevamente al objeto de la meditación.

En pocas palabras, tal director de almas, como el fraile Castellano, sabía muy bien que el soñar despierto siempre posee un encanto pernicioso, y es bueno cortarlo de raíz.

Un gran pensador más cercano a nuestros tiempos, Condillac, añade:

"La atención es como una luz que es reflejada desde un cuerpo sobre otro para que ambos sean iluminados, y yo lo llamo reflexión… las ideas comprensibles representan para nosotros a los objetos que en realidad se reflejan a sí mismos en nuestros sentidos; las ideas intelectuales representan para nosotros aquello que desaparece tras dejar su impresión…"

También dice:

"Las ideas intelectuales, si son familiares para nosotros, recurrirán a nosotros a voluntad."

Esta también fue una de las enseñanzas de Yoritomo, quien escribe:

"Para aquellos que practican la concentración es suficiente con desear a los objetos sobre los cuales desean meditar para que aparezcan claramente en sus mentes."

"Los expertos en este arte pueden, con un esfuerzo mínimo y tras haberse posicionado a sí mismos en una condición de auto abstracción, transportarse a sí mismos en su imaginación hacia la esfera en la cual las fases de la ocurrencia que forman al sujeto de sus pensamientos se despliegan delante de ellos."

"Tendrán éxito al imaginarse para sí mismos lugares y personas vivientes, de una manera tan realística que incluso serán capaces de ser sensibles a olores o al clima del lugar que sea testigo de estos acontecimientos."

"No es algo extraño entonces que alguien que pueda estar en un estado mental así pueda tomar decisiones sólidas con una precisión extraordinaria."

Y también concluye con que:

"Aquel que vaya a influenciar a los demás debería sobre todo saber cómo influenciarse a sí mismo para adquirir la facultad de la auto concentración, la que le permitirá llegar al más alto grado de discernimiento."

"Muchos adivinadores deben su influencia sobre las multitudes a ese espíritu de concentración que se hace pasar por un poder profético."

"Es erróneo y engañoso el dar crédito a la magia, pues es un truco. Sin embargo poseemos dentro nuestro un poder idéntico al que poseen los hechiceros: ésta es la magia de la influencia, la cual es prudente y aplicada siempre por los hombres serenos sobre sus compañeros, cuando sus intenciones son puras y cuando su ideal no es nada más que el de el mejoramiento de la condición de los demás, mediante la saludable influencia de su ejemplo y de su discurso."

Mediante la confianza

La confianza es el impulso mental que todos aquellos deseosos de influenciar a los demás deberían intentar obtener. Para la mayoría de ellos esto quiere decir reemplazar una voluntad vacilante y siempre en duda por la suya propia, la cual impondrán de acuerdo a las circunstancias y de acuerdo al carácter de sus seguidores. Junto con un poco de persuasión, el éxito, aunque lento, está casi asegurado.

Pero debemos advertir y proteger al lector de una variedad de influencias, de otra manera, su mente siempre retendrá la impresión más reciente, y antes de dar comienzo al curso de iniciación debemos prestar atención al hecho de limpiar la mente de ideas contradictorias, las cuales no pueden ser erradicadas completamente si no es con una gran dificultad.

Esta es una de las características de la gente débil; su tozudez siempre tiene que ser combatida y no podemos tener éxito a la hora de enseñarles a tener confianza, excepto tras un prolongado esfuerzo. La mejor manera que nos queda es no golpearlos demasiado fuerte, ya que su obstinación – que ellos a veces interpretan como fuerza de voluntad – se convertiría en un obstáculo para su conversión. Por lo tanto, es mejor parecer atento a sus opiniones, por más carentes de argumentos que parezcan ser, y poner ante ellas objeciones que parezcan más bien involuntarias que otra cosa, y que además parezca que lamentamos la necesidad de formularlas.

Esto es lo que Yoritomo nos enseña en la siguiente anécdota:

"Mi maestro Lang-Ho," dijo, "tenía entre sus discípulos a un jerarca que tenía una gran influencia en el senado, no debido a sus cualidades personales sino más bien a su riqueza, la cual era considerable. Tenía estados bajo su mando, lo que le daba los privilegios de un pequeño rey, y mi maestro creía firmemente que tal hombre debía ser llevado hacia la belleza del bien, para que su discurso no sea algo rutinario y mecánico, sino que sea algo similar a la semilla del bien, cuyos brotes podrían dar a luz una abundante y buena cosecha."

"Pero este noble sufría de una debilidad de voluntad que le impedía beneficiarse de cualquier lección. Solía decir "sí" un día, y al día siguiente, tras escuchar las palabras de aquellos que no tenían otra cosa en mente más que sacarle dinero, expresaba una opinión contraria. Además de esto, se proponía obstinadamente seguir los consejos más perniciosos y mal intencionados."

"Lang-Ho, como ya he dicho, era un profundo psicólogo, no había ninguna porción del corazón humano oculta para él; así que tras someter al jerarca a una larga evaluación, adoptó un método que parecía que iba a tener éxito."

"No lo disuadió de los actos que bajo la influencia de mentes malignas había accedido a hacer, sino que al principio él, por así decirlo, canalizó su atención hacia cosas de menor importancia, ya que el plan consistía en entretenerlo amablemente al principio."

"Tuvo cuidado de no despertar el espíritu de obstinación que sabía que estaba oculto en el corazón del jerarca. Pero tras ponerlo a prueba durante ese tiempo, cuando el hombre ya no sospechaba de la situación, Lang-Ho le enumeró los errores de su manera de actuar, y determinó exactamente las desgracias que generarían."

"Habiendo hecho esto, lo dejó seguir de acuerdo a su propia voluntad, sea que estuviera inclinada hacia hacer lo que realmente quería, o a lo que sus malvados consejeros pretendían que hiciera. Esa táctica tuvo como resultado que los problemas que el maestro había previsto fueran visibles para el jerarca antes de que realmente surgieran, y eventualmente lo hicieron, así que poco a poco el hombre empezó a respetar a Lang-Ho de una manera mezclada entre una especie de miedo supersticioso y una profunda admiración."

"Y el jerarca no esperó más: se encargó de liberar a sus discípulos de esos amigos interesados monetariamente, y tras algunos meses de iniciación, imbuido con el conocimiento y la sabiduría del maestro Lang-Ho, dejó de lado toda resistencia y obstinación, y sintió la gloria de mostrarle a aquellos que dependían de él, que compartía las opiniones del maestro."

"Desde eso hasta la conversión hubo únicamente un paso, y ese paso fue tomado tan exitosamente que, bajo la influencia de Lang-Ho, el jerarca se convirtió en un benefactor genuino para todos los que vivían en sus estados, y que lo tenían por un maestro cuyas palabras tenían el poder de un oráculo."

Pero la naturaleza de ciertas personas es intranquila bajo la persuasión, o demasiado maleable para que cualquier impresión pueda dejar su marca en ellas. En tales individuos, por lo tanto, es bueno inspirar confianza, a veces a pesar de sí mismos, mediante el uso de la sugestión. Todos los pensadores modernos tienen esta opinión; todos los que tratan con enfermedades mentales:

"Ante la implantación de una sugestión de cualquier tipo en la mente," dice P. E. Levy, "el organismo estará mejor adaptado para provocar algún logro."

Demasiado fácilmente le otorgamos una idea de magia a la palabra sugestión. La sugestión, como el escritor la entiende, podría ser definida como sigue: el desarrollo de la confianza.

Es, en cierto modo, la imposición de las creencias de uno sobre la mente de otros. No es un método barato para fascinar a una persona a provocar que haga tareas que no queremos hacer nosotros mismos; es una facultad noble que espíritus selectos poseen: la de implantar sus creencias en aquellos a los que consideran dignos de ser persuadidos.

Tiene que ser recordado que hay sugestión en todo: en el libro que nos fascina, en las teorías que ganan posesión de nosotros aunque no queramos, en la conversación que escuchamos por voluntad propia y en las discusiones en las cuales únicamente una parte parece expresar la verdad.

Pero sucede muy frecuentemente que si después nos ponemos a reflexionar para juzgar nuestros pensamientos con la misma imparcialidad con la que deberíamos juzgar a los de los demás, nos veremos sorprendidos al ver fallar el delicado entusiasmo que nos había animado. Los principios del libro, despojados de la magia del estilo, nos parecen altamente discutibles, la conversación que disfrutamos, despojada de la iluminación de la elocuencia del orador, nos parece insípida, y el motivo de la discusión que nos había interesado profundamente se convierte en algo indiferente para nosotros cuando lo examinamos tranquilamente.

¿A qué se debe entonces el repentino cambio que hemos descrito? ¿Proviene de nosotros? ¿Viene a partir de nuestra extrema susceptibilidad al entusiasmo? ¿Desde nuestra propensión excesiva a generar impresiones fugaces?

En la mayoría de los casos las sugestiones se deben únicamente a sus autores, quienes, no estando convencidos de sí mismos, han sido incapaces de impregnarnos con una confianza duradera. Para inspirar confianza, sin la cual ninguna influencia es posible, varias cualidades son indispensables:

- Sinceridad con nosotros mismos;

- Odio por la injusticia;

- Seguridad a la hora de tomar decisiones propias;

- Verdad absoluta en nuestras predicciones;

- Confianza en nuestros méritos;

La sinceridad con nosotros mismos consiste especialmente en la convicción de la necesidad que existe de hacer que otros compartan en sus creencias aquello que nosotros experimentamos tan profundamente, que la idea de desechar tales sugestiones parezca una locura para nosotros, algo en contra de nuestros deberes.

Aquí puedes ver el por qué del atractivo de los misioneros es tan poderoso; el éxito del apóstol está siempre subordinado a la sinceridad de las convicciones que exprese en los ideales que manifiesta en diversas situaciones.

Si el orador duda de lo que él mismo está diciendo, su voz será menos firme, la influencia de su pensamiento será menos expandida sobre su audiencia, y el entusiasmo, el padre de la fe absoluta, no lo levantará para llevarlo en su camino.

Pero es muy distinta la recepción por parte de la audiencia frente a un apóstol que está convencido de lo que está diciendo. Escuchemos lo que Yoritomo tiene que decir con respecto a esto:

"Como una corriente refrescante," dijo, "las palabras de aquel que "cree" penetran en las mentes de sus oyentes y sacian su sed de soporte moral y de convicciones nobles."

"Como polillas atraídas por la luz de las velas, todos se reunirán alrededor de él, ya que él es para ellos la luz, y sabe cómo envolverlos con sus rayos dadores de vida."

"Mientras esté hablando, visiones de brillantez serán propagadas sobre ellos; si él se esfumara, ellos volverían nuevamente a una oscuridad únicamente iluminada por el recuerdo de sus palabras de confianza y fe."

Aquel que no conoce odio ni injusticia, ¿será alguna vez capaz de ejercitar una influencia benéfica sobre los demás? ¿Cómo podría atraer confianza (la madre de la conversión) para sí mismo, si a causa de la injusticia de sus juicios está sometido a la de los demás?

"Ninguna parcialidad," dijo Yoritomo, "debería animar a aquel que desearía ganar almas. Es debido a dejarse caer en tales situaciones que perderá toda su autoridad, la misma que de buena gana habría adquirido. Únicamente la justicia estricta debería dirigir sus palabras y presidir sus actos."

"En los momentos en los cuales se encuentre a sí mismo sumido en la oscuridad, y no distinga para dónde apunta la justicia, debería abstenerse hasta el momento en el cual una concentración cuidadosa le permita verlo claramente ante sus ojos."

"Si las dudas continúan habrá que ser muy cuidadoso para no

tomar una decisión que mediante sus consecuencias demuestre ser injusta, de esa manera debilitando la confianza que sus discípulos gratamente habían depositado en él. Es más honorable confesar la ignorancia de uno que arriesgarse a cometer una injusticia."

Para determinar la certeza de nuestros juicios es prudente a veces usar el ingenio, como el sabio acerca de cuya astucia nos cuenta Yoritomo:

"Nunca debería ocurrir," dijo, "que el hombre que desea inspirar confianza se arriesgue a verla destruida por una aserción que no es producto de hechos concisos."

"En estas cuestiones es sabio imitar al viejo filósofo Hong-Yi, que nunca solía decir, "Eso pasará", sino, "Has actuado de tal manera, lo que podría traerte tal y tal desgracia", o "Estás actuando con tanta prudencia como para merecer ser recompensado."

"Cuando los eventos sucedían y confirmaban sus predicciones, él no fallaba a la hora de recordar sus dichos, por lo que su autoridad incrementaba más y más."

"Debería ser añadido que los eventos predichos siempre ocurrían, ya que los poderes deductivos de Hong-Yi era grandiosos, y era fácil para él prever los actos que eran esperados de sus discípulos."

Pero prever e incluso profetizar no es suficiente para ganar confianza y en especial comunicarla. Para implantarla en los corazones de otros es necesario poseerla, esa confianza espléndida en uno mismo que funciona de maravillas. Entonces ocurre que todos aquellos que creen que pensar por sí mismos es trabajoso, aquellos cuyos poderes de resistencia son adecuados pero mal balanceados, aquellos cuya ociosidad moral atenta contra cualquier iniciativa individual que tengan, levantarán sus cabezas y sentirán fuerzas renovadas, depositando su fe en el sentimiento de confianza que experimentarán primero en su maestro, y posteriormente en sí mismos.

El bálsamo curativo de la fe los impregnará con sus buenas cualidades de la manera más amable, y despreciando a la pusilanimidad con la que habrían determinado las más triviales de las resoluciones, avanzarán sin miedo alguno hacia el objetivo que ahora se ha vuelto visible a simple vista para ellos.

Es un hecho bien conocido que un apoyo imaginario casi siempre sirve tan bien como el apoyo real. Es conocida la situación en la cual un niño no puede lograr caminar por sí mismo sin tropezarse, pero tan pronto como les extendemos un dedo, pretendiendo que los vamos a apoyar, empieza a dar pasos más seguros, incluso durante varios metros sin tambalearse.

Sin embargo, si retiramos el dedo, que lo que para ellos es el apoyo que evita que caigan, seguirán caminando con un poco de dificultad, y eventualmente no podrán evitar tropezarse nuevamente.

Sucede lo mismo con las almas tímidas: la persona que cree que morirá por miedo a la soledad en una casa vacía se encontrará reconfortada si se imagina que los cuartos adyacentes están ocupados. La presencia de otros, creando un sentimiento de confianza protector, basta para salvarla del miedo, que no tardarán en experimentar si pensaran que en un caso de emergencia no tendrían a nadie a quien recurrir.

Esta protección, incluso a sabiendas de que es ilusoria, es suficiente para calmar las preocupaciones. Así, aunque estas tímidas personas no están seguras de poder esperar algo de un caso similar al del niño, casi siempre buscan tal compañía antes que permanecer solos, y experimentan un gran alivio en consecuencia.

"Toda impresión," dice Yoritomo, "que no es propia de nosotros y que viene del exterior, es una influencia que forzosamente debemos soportar. Esto sucede especialmente en casos de enfermedad, donde la influencia puede marcar su presencia haciéndose sentir en su grado más alto, ya que en tal situación, y al estar muy debilitado el sujeto, está muy bien dispuesto a someterse a cualquier sugestión, la que sea."

"Hay una vaga solidaridad entre el cuerpo y la mente que permite que el primero se convierta en una presa fácil de otros si existe sufrimiento. Sería algo infundado negar la conexión existente entre nuestros dolores físicos y nuestros padecimientos mentales. Algunas personas, bajo la dominación de ansiedades pesadas, se vuelven víctimas de severos dolores de cabeza. Otros, nuevamente tras problemas emocionales repetidos, contraen problemas cardíacos."

"Es a veces por lo tanto más sabio curar la mente antes de ocuparse de cómo cuidar el cuerpo, o incluso tratar a los dos al mismo tiempo. En este momento es cuando la influencia se hace sentir, triunfante, radiante; la influencia estampa sobre los centros nerviosos una impresión que resuena a través de todo el ser de uno."

"Considerando que nuestros problemas son debidos al dolor, la ansiedad y la hipocondría, deberíamos cultivar confianza y alegría para que quiten el color sombrío de nuestras concepciones."

"Si hemos sido capaces de inspirar al enfermo con confianza estaremos contentos de decirle que está mejorando, ya que él no dudará de la verdad de esa aserción, y tal aseguración ocasionará que experimente una mejoría real."

"Esto deberá hacerse gradualmente para que el desarrollo de su curación sea constante, hasta que llegue el momento de decirle al paciente, "Estás curado." Los milagros no tienen otro origen que éste."

Y el Shogun continúa:

"Pero los medios más grandiosos para efectuar este tipo de curas se ejecutan mediante la implantación en la mente de los enfermos (cuyas enfermedades son originadas por su propia imaginación) de la idea de la devoción hacia una causa noble: hay que zambullirlos en un mar de ambición que gradualmente los hará olvidar de su eterno "ego", ya que este tan mimado "ego" es la causa real de la mayoría de estos desórdenes, de los cuales la mayoría de las personas sufren, pues demanda la completa atención de ellas y de su cuerpo."

"Para hacerlo, la influencia deberá ser ejercida de una manera bastante distinta. Bastará con crear en ellos una atmósfera de actividad en la cual su personalidad interpretará una parte dominante; olvidarán por tanto perder su tiempo analizando los ataques de una enfermedad que existe únicamente en sus propios cerebros, y aquel que los asista a encontrar una cura se sentirá satisfecho sin dudas, porque habrá ejercido una influencia benéfica tanto en el cuerpo como en la mente de las personas."

"Seguramente la mejor de las sugestiones es aquella que no apoya al hombre centrado en sí mismo, sustituyendo al adorador de este "ego" por una persona altruista, quien imbuida con la fe en sí mismo y la fuerte misión que cree que le fue confiada, buscará impartir sobre otros los beneficios de esa confianza de la cual ha provenido tanto consuelo."

Así serán demostrados los consejos de Yoritomo cuando dice:

"Dejen que aquel que sienta que hace lo correcto y tenga confianza en sí mismo se levante y proclame esta fe, para que los débiles, los vacilantes, y todos aquellos que sufran de la duda puedan agruparse alrededor de él para entibiarse al lado del fuego de la alegría que emana de la mente plena."

Por la adquisición de un poder dominante

"Hay" dice Durville, "una intercomunicación entre nosotros mismos y los demás, de tal naturaleza, que perpetuamente, durante noche y día, estamos recibiendo y dando otra vez influencias que nos moldean, nos cambian, y gradualmente alteran nuestra manera de vivir."

"Es, por lo tanto, a través de una instigación externa que terminamos por hacer de nosotros mismos lo que somos; buenos o malos, felices o miserables."

Nuevamente Atkinson dice: "El pensamiento juega un rol decisivo en la vida humana."

"Abarca a todo el individuo. Es lo que lo une a sus compañeros y a causa de lo cual están todos reunidos juntos, para compartir en una sola corriente todas las energías allí presentes."

Esa es posiblemente la opinión de Turnbull, quien recomienda este método para adquirir el poder necesario para someter primero a aquellos a quienes deseamos influenciar posteriormente: "Establece en tu corazón," dice, "que esta persona es un instrumento a través del cual pasarán corrientes mentales, y que tú mismo eres un instrumento que no sólo produce sino que recibe y retiene fuertemente tales corrientes para seguir recibiendo y reteniendo."

"Puedes entonces empezar sin duda alguna a hacerlo hablar, al hacer un juicioso uso de una mirada fija e inquebrantable. Utiliza todo tu tacto y delicadeza para hacerlo de manera discreta; al mismo tiempo que mantienes intacto tu propio poder, así como si estuvieras concentrándote en ti mismo."

"Al causar que corrientes mentales pasen por tu interlocutor bajo la forma de preguntas bien sincronizadas y sugestiones, despertarás en él corrientes de respuesta; descubrirás sus gustos y aversiones, y, alentando a su confianza a través de la corriente derivada de una aprobación delicadamente expresada, pronto tendrás éxito y lo harás vibrar en unísono contigo mismo."

Aquel que quiera obtener el poder de la dominación que le permitirá someter las mentes bajo la acción de su fuerza benéfica, debe sobre todo, obligarse a sí mismo a crear entre él y su discípulo una especie de buen nivel intelectual que le servirá de manera infinita en su apostolado.

Es mediante la creación de simpatía que estas vibraciones en unísono, tan indispensables a la hora de crear influencia, serán obtenidas. La simpatía engendra a la confianza y pavimenta el camino para las sugestiones benéficas.

"Aquel que sabe como atraer para sí simpatía y comprensión," dijo Yoritomo, "es como una luz amable a la que se acercan aquellas mentes cubiertas por una oscuridad mortal. Su desarrollo es rara vez apresurado, lo cual es preferible, porque de otra manera se verían cegados antes de la iluminación; es mejor atraer tales beneficios lenta pero irresistiblemente."

"Entonces, ya imbuidos por la radiación distante, se habrán librado de algo de esa oscuridad cuando se acerquen a esa persona que está ahí para darles una luz clara. Al familiarizarse con su brillantez, soportarán su extrema intensidad sin acobardarse."

Es, de hecho, uno de los poderes de la simpatía el atraer lentamente pero retener de manera segura a aquellos que se sienten atraídos a esa persona comprensiva, a causa de una atracción al principio vaga y poco definida, pero más adelante justificada por miles de razones, de las cuales la principal, y al principio la única, será el poder dominante que esta persona ejerce sobre los demás.

Es mejor, como Yoritomo dice, que este poder se establezca a sí mismo sin demasiada brusquedad, para tener más posibilidades de permanencia. Es preferible iluminar lentamente las mentes de las personas con un brillo bien definido, que cegarlas hasta el punto de causar un malestar que los hará buscar la oscuridad para aliviarse.

Uno de los secretos del poder dominante reside en provocar una similitud de sentimientos, adoptando momentáneamente aquellos que se encuentran en la persona a la cual deseamos influenciar.

El sentimiento de condescendencia debería ser dejado de lado por las mentes fuertes; aquel que cree que se está rebajando con relación a su pupilo al enseñarle sus principios, los cuales considera demasiado elementales, nunca tendrá éxito a la hora de dirigir a los hombres.

El maestro que use el poder de la sugestión seriamente debería dejar de lado por un momento su propia mente para adoptar aquella del hombre al que le está enseñando; esta es la única manera de crear un lazo de confianza mutua.

"Aquel que vaya a enseñarle las primeras letras del abecedario a un infante debería ser capaz de crear una mente de niño en sí mismo antes", dijo el Shogun.

Debemos admitir que, para cumplir con esta condición, es necesario poseer de antemano una curiosa maestría de uno mismo. Aquel que tiene dominio de sí mismo ya está calificado para dominar a otros.

Si la confianza y la ambición con respecto a la valía de uno mismo son los atributos de un poder dominante, la auto suficiencia es siempre la piedra con la que se tropieza aquel cuyo orgullo le impide mirar hacia sus pies.

La auto suficiencia casi siempre engendra arrogancia, la cual es inútil a la hora de producir simpatía y confianza.

Esta idea exagerada del "ego" nunca es generada a consciencia del mérito real, sino más bien a causa de la abundancia imaginaria de virtudes que nos adjudicamos a nosotros mismos tan libremente, como para distraer a nuestra propia mente con el sonido de nuestras propias palabras.

Si deseamos ser sinceros, reconoceremos muy rápidamente que tales virtudes son imaginarias, y que el espectáculo que creamos a partir de ellas únicamente se genera a causa de un gran deseo por poseerlas, que, habiendo fallado nuestro poder para asegurar su obtención, preferimos el proclamar que ya las poseemos, eludiendo el esfuerzo que requiere obtenerlas realmente.

Es por esto que las personas autosuficientes nunca tendrán las aptitudes necesarias como para ejercer una influencia sobre las mentes de los demás.

Incapaces de extraer de sí mismos la energía necesaria para convertirse en lo que desean convertirse, no pueden generar a su alrededor el poder que les falta, y su dominio sobre otros nunca será establecido.

Las personas melancólicas, aquellas que son víctimas de la hipocondría, no están bajo ningún concepto destinadas a convertirse en pastores de las multitudes.

La melancolía casi siempre engendra una condición mental similar a la indiferencia: reprime el deseo de vivir, el cual es la clave para todas las buenas resoluciones y la perseverancia continuada.

Cada esfuerzo del melancólico es rápidamente detenido por ese terrible, "¿Y de qué servirá esto?", que proclama el fin de todo y de la vanidad de la vida.

¿Qué influencia puede ejercer un hombre cuyos poderes energéticos son destruidos por la indiferencia y la apatía? Apenas tiene las fuerzas necesarias para seguir vivo, ¿de dónde sacará las fuerzas para enseñarle a los demás?

La alegría es una de las condiciones necesarias para poder controlar a los demás, y no me refiero a ese estado de ánimo bullicioso que consta de arranques de risa, que no tienen origen en las cosas más refinadas, sino a esa paz interna que definimos como jovialidad y que es una característica propia de las mentes altamente desarrolladas.

Un hombre de buen carácter nunca estará melancólico; la hipocondría es la marca registrada de los incapaces; es el comienzo de manías y todo tipo de locuras que destruyen a la humanidad y disminuyen su nivel moral.

Los filósofos de mal agüero, cuyas enseñanzas han nublado a tantos jóvenes cerebros, han definido al disfrute como "el cese del sufrimiento."

¡Oh, bueno! ¿Pero no vale la pena esforzarse para no sufrir más, al sustituir el sufrimiento por la alegría de vivir, la cual abre las mentes de los hombres hacia el culto a la belleza?

El arte de la felicidad reside especialmente en el gran deseo por vivir. Tal vez Yoritomo no era capaz de traer a discusión la ardiente cuestión del libre albedrío, sin embargo admite la existencia de la influencia incuestionable que cada uno de nosotros ejerce sobre nuestro propio destino.

"Los hombres," dijo él, "son en su mayoría como el tonto que sintió escalofríos, acobardándose ante una ventisca de nieve, mientras a su alrededor el sol bañaba a la montaña con sus rayos ardientes. Maldijo a la nieve, al frío, al odioso país en el que estaba, y a la miseria de su existencia por tener que pasar sus días sufriendo en esa aridez."

"En vano las personas le mostraron los caminos cercanos, en vano le mostraron las flores que desde lejos se amontonaban en el camino; este sujeto estaba obstinadamente empeñado en no hacer nada para liberarse a sí mismo de sus sufrimientos, y continuó maldiciendo al lugar del cual habría sido tan fácil salir."

¿No tenemos aquí a la viva imagen del pesimista que niega la existencia de la felicidad y la belleza mientras pretende mirar hacia el otro lado cuando le ponen estas cosas en su cara?

Tales personas podrían casualmente ejercer una influencia negativa sobre las mentes débiles, pero siempre será algo limitado, ya que, y no me cansaré de repetirlo varias veces, la influencia real sobre los demás es únicamente adquirida al precio de haberse uno dominado completamente a sí mismo.

Este dominio debería ser el objetivo de los esfuerzos del hombre que desee poseer esta facultad para utilizarla para su propia felicidad y para la felicidad de aquellos con los cuales entra en contacto.

"Otra vez," dijo el filósofo nipón, "deberíamos abstenernos de asociarnos con gente ordinaria, ya que conociendo esta verdad que nos dice que el pensamiento que emitimos es tomado por aquellos que están a nuestro alrededor, debemos tener cuidado de vernos influenciados por sus pensamientos, que al repetirse muy frecuentemente terminarán por ocupar, sin que nosotros lo sepamos, un lugar en nuestro cerebro, y eso disminuirá la calidad de nuestro poder."

"El tipo más elevado de hombre nunca deberá albergar un popurrí de ideas. Aquel que enmarca los pensamientos cuyas ondas se expanden a su alrededor, como las ondas de sonido, tendrá éxito al tomar contacto sus ondas de pensamiento con la inteligencia de otros, poniendo sus cerebros en vibración, en otras palabras, en un estado de recepción de pensamientos flotantes."

"Pero el hombre realmente fuerte, cuyas energías secretas están enfocadas en la obtención de influencia, y cuyo objetivo es el de obtener un poder dominante, no guardará pensamientos innobles, porque no cambiará su manera de pensar apenas sea invadida su mente por nuevas ideas. Si se encuentra entre un grupo de personas de un calibre intelectual pequeño, los sobrepasará con todo el poder que su conocimiento y su fuerza de voluntad le confieren."

"Sabrá cómo escucharlos, cómo hablarles, tal vez convencerlos, pero ni por un momento se someterá a sí mismo a adoptar esos pensamientos ordinarios, porque está consciente de su excelencia y conoce demasiado bien su propia superioridad. Está, en pocas palabras, en un pedestal demasiado elevado como para permitirse ser afectado por cosas que estén debajo de su nivel."

"¿Acaso esa roca granular, compacta y dura llamada granito se rebaja por un minuto ante la hiedra que se enrosca sobre él a la hora de dirigirse al castillo en busca de protección y soporte?"

El Shogun destaca también que esta planta, sin el apoyo del granito, recorrería miserablemente el suelo por siempre, pero en combinación con él, pasa a formar una parte esencial de los edificios de los hombres, aumentando su durabilidad. Y preguntó:

"¿Cuántas torres antiguas, que parecían incuestionablemente sólidas, se derrumban cuando están privadas de los parásitos que parecían afectarlas negativamente?"

"Así sucede con todos los que tienen poder: se mantienen a sí mismos únicamente porque crean discípulos cuya devoción les sirve para consolidar su trabajo. Pero si no pueden mantener la influencia que han creado en primer lugar alrededor de ellos, sus seguidores irán cayendo uno por uno, y entonces el hombre, solitario, verá cómo su construcción de superioridad se cae a pedazos."

"El poder dominante," continúa Yoritomo, "es desarrollado especialmente por un apostolado, cuyo ejercicio, al crear una corriente mental entre el maestro y aquellos a los que él enseña, genera energías opuestas."

En la jerga de la ciencia moderna se dice, de hecho,

que los constructores de viviendas, atraídos por el atractivo

de la fuerza del pensamiento, siempre se desplazan en mentes más débiles a causa de una influencia más fuerte, pero que lo inverso no es válido.

Tal es el comentario del filósofo japonés cuando nos dice:

"No se codeen con mentes ordinarias, salvo que tengan la intención de llevarlas hacia su propio nivel; pero no pienses en entrar en una comunión mental con tales individuos antes de que sean dignos de ella."

Estas palabras luminosas pueden servir como un comentario acerca de todas las enseñanzas de Yoritomo, ya que cada oración de sus escritos se relaciona con la energía, con una invitación a la práctica del culto a la belleza moral, y con el ánimo para avanzar hacia el bien, lo cual debería guiar nuestros pasos hacia el templo encantado, en cuya fachada están blasonadas las eternas palabras: Verdad, Protección y Alegría.

SOBRE EL AUTOR

YORITOMO-TASHI fue un filósofo japonés del siglo XII, muy reconocido y admirado por su pueblo y uno de los mayores estadistas que jamás haya tenido Japón.

Tashi trabajó como alto funcionario para el estado japonés como corrector y redactor de las leyes del imperio, además de ser uno de los organizadores del feudalismo militar, e influyó notablemente en su época y en la mente de su pueblo con sus actuaciones públicas y su filosofía, rescatando a su país de la falta de principios en la que se encontraba.

A él se debe el hecho de que la sede del gobierno de Japón esté en Kamakura desde el año 1186, donde creó un órgano administrativo semejante en sus métodos y en su funcionamiento al gobierno metropolitano actual de Tokio.

Tashi sostenía que quienes viven siguiendo el sentido común no tienen problemas y pueden resolver cuantas situaciones se les presenten, y añadía que actuando de esta forma se está en posesión de la clave del éxito y se logra influir positivamente en los demás.

ESTIMADO LECTOR:

Nos interesa mucho sus comentarios y opiniones sobre esta obra. Por favor ayúdenos comentando sobre este libro. Puede hacerlo dejando una reseña en la tienda donde lo ha adquirido.

Puede también escribirnos por correo electrónico a la dirección info@editorialimagen.com

Si desea más libros como éste puedes visitar el sitio Editorialimagen.com para ver los nuevos títulos disponibles y aprovechar los descuentos y precios especiales que publicamos cada semana.

Allí mismo puede contactarnos directamente si tiene dudas, preguntas o cualquier sugerencia. ¡Esperamos saber de usted!Libros de Interés

Recursos Adicionales

Más Libros de la Serie Eficiencia Mental

La Administración Eficaz Del Tiempo: Aumenta tu productividad y aprende cómo organizar mejor tu tiempo

Autor: Josué Rodríguez

Este libro no es otra guía más sobre la gestión eficaz del tiempo. En esta obra descubrirás las herramientas que necesitas para crear una vida llena de productividad y así alcanzar las metas propuestas.

• Descubrirás cuáles son tus "consumidores de tiempo" y cómo se pueden evitar para gestionar mejor el tiempo

• Aprenderás qué tipo de actividades son "pérdidas de tiempo", como así también las estrategias de administración que te ayudarán a superar los obstáculos que enfrentes cada día

• Descubrirás la mejor manera de acabar con la postergación y maximizar tu tiempo.

• Aprende a reconocer los tipos de personas que desperdician el tiempo. Además:

• Las cinco mejores maneras para que ahorres tiempo

• La Administración del Tiempo Personal versus el Tiempo Organizacional

• Y mucho más!

Cómo mejorar la memoria y la concentración: Técnicas para aumentar tus capacidades mentales y lograr que el cerebro funcione a su máximo rendimiento

Autor: Dr. Omar Galíndez

La memoria es como un músculo: cuanto más se usa, mejor se pone, pero cuanto más se descuida, se vuelve peor. ¡Descubre cómo recordar fácilmente nombres, caras, números, eventos y cualquier información usando técnicas sencillas pero poderosas que hasta un niño de 12 años puede aplicar!

Con este libro aprenderás:

• El porqué ser inteligente no es necesario para tener una buena memoria.

• Los alimentos que permiten que el cerebro funcione a su máximo rendimiento.

• Lo que debes hacer para mejorar la creatividad.

• Técnicas infalibles para condicionar tu estado de ánimo con el fin de aumentar tus capacidades mentales.

• Las causas más comunes de una mala memoria.

• Estrategias probadas para mantener tu enfoque.

• Cómo lograr que tu subconsciente te ayude a recordar.

• Métodos valiosos para promover tu imaginación.

• Las similitudes entre la mente y una cámara de vídeo.

• 7 poderosas tácticas para superar el olvido y la distracción.

• Cómo utilizar los sentidos para mejorar tu memoria.

• 11 estrategias extraordinarias que te ayudarán a recordar nombres y rostros.

• Cómo convertir los números en palabras.

• Cómo transformar los números en imágenes.

• Súper técnicas para recordar largas listas de números.

• Cómo organizar tu memoria para una fácil recuperación de la información.

• Y mucho, mucho más!

Serie Autoayuda y Desarrollo Personal

Cómo ganar amigos e influenciar a las personas en el siglo 21

Autor: Josué Rodríguez

¡Descubre cómo puedes vivir una vida plena convirtiéndote en un profesional de las relaciones sociales! Todos tus amigos te apreciarán como a nadie y podrás disfrutar de tus amistades como nunca antes.

Este libro es una poderosa enciclopedia de desarrollo personal que es verdaderamente esencial para los aspirantes que están luchando para encontrar la verdadera felicidad en términos de relaciones.

Ha sido escrito para dueños de negocios, vendedores, entrenadores, networkers y gente que desee mejorar sus relaciones personales.

En este libro aprenderás:

• Cómo construir la base correcta para llevarte bien con los demás mediante la comprensión de cómo funcionan las personas

• Cómo sobrevivir en la era de la información: Descubre cómo la comunicación ha cambiado en el siglo 21.

• Qué significa vivir una vida equilibrada en lo que respecta a las habilidades y relaciones sociales.

• Aprende a ganar a los demás con tu forma de pensar.

• Descubrirás maneras creativas para mejorar la manera en que te comunicas con los demás.

• Cuáles son las mejores maneras de comprender y establecer una verdadera comunicación con los demás.

• La cosa más importante que debes cambiar si quiere encontrar la felicidad duradera en las relaciones.

• y mucho más!

Cómo Desarrollar una Personalidad Dinámica - Descubre cómo lograr un cambio positivo en ti mismo para asegurarte el éxito

Autor: Josué Rodríguez

La actitud correcta no sólo define quién eres, sino también tu enfoque y el éxito que puedas llegar a alcanzar en la vida.

En este libro aprenderás los secretos de las personas altamente efectivas en su negocio, y cómo desarrollar una actitud positiva para tu vida familiar y tu profesión, cualquiera que esta sea.

Además el autor revela cómo desarrollar la personalidad Ideal para el éxito en los negocios. También descubrirás:

- Cómo conocerte a ti mismo mejor que ahora

- Cómo descubrir tu personalidad

- Cómo la Ley de Atracción ayuda al desarrollo personal

- Qué necesitas para estar en la cima

- Características de una personalidad dinámica

- Diferentes Estilos de Personalidad Entre Gerentes y Líderes

- ¿Tienes Una Personalidad Como Para Innovar?

Alcance Sus Sueños - Descubra pasos prácticos y sencillos para lograr lo que hasta ahora no ha podido

Autor: Josué Rodríguez

¿Anhela usted el verdadero éxito en la vida y desea llegar a todas sus metas?

Este libro ha sido escrito con el propósito de ayudarle a alcanzar aquellas metas que todavía no ha logrado y animarle a seguir luchando por aquellos sueños que está persiguiendo.

Veremos cómo salir de la rutina, descubrirá cómo enfrentar los problemas, la depresión, el agotamiento y todas aquellas cosas que día a día nos estorban para llegar al destino que deseamos.

A veces, cuando todas nuestras dudas, miedos e inseguridades nos asfixian, cometemos el error de pensar "Me gustaría ser otra persona." Muy a menudo pensamos que la mayoría de las personas son mejores que nosotros, cuando en realidad el hecho es que la mayoría de esa gente está más asustada que nosotros.

Estas son algunas cosas que aprenderá en este libro:

• Cómo motivarse a sí mismo para lograr todos sus objetivos

• Cómo desarrollar la autodisciplina para la superación personal

• Cómo tomar el control de su vida

• Cómo visualizar sus sueños y metas

• Cómo hacer de cada día el mejor

• Y mucho más!

Otros libros

Cómo Hablar en Público Sin Temor - Estrategias prácticas para crear un discurso efectivo (Serie Oratoria Eficaz)

Autor: Valentín Ortega

Hablar en público, en especial delante de multitudes, generalmente se percibe como la experiencia más estresante que se pueda imaginar. Las estrategias de oratoria presentadas en este libro están diseñadas para ayudarte a transmitir cualquier idea y mensaje ya sea a una persona o a un grupo de gente.

En este libro descubrirás estrategias para hablar en público que puedes usar para crear un discurso efectivo y poderoso en 30 minutos o menos, independientemente de quién sea tu público.

Aprenderás estrategias que puedes usar para crear un discurso efectivo y poderoso en 30 minutos o menos, cómo eliminar el pánico escénico, aumentar tu auto confianza y maneras para ayudarte a lidiar con una audiencia que no conoces y cómo conectarte con ella.

El Secreto de los Nuevos Ricos - Descubre cómo piensan las mentes millonarias del nuevo siglo

Autor: Josué Rodríguez

La mayoría de la población tiene una relación de amor/odio con las riquezas. Resienten a aquellos que las poseen pero pasan todas sus vidas tratando de conseguirlas para sí mismos.

La razón por la cual la mayoría de los individuos nunca acumula ahorros sustanciales es porque no comprenden la naturaleza del dinero o de cómo funciona.

Hoy en día existen personas jóvenes que ya son ricas y han prosperado con éxito. En este libro descubrirás cómo piensan aquellos que han logrado enormes fortunas y cuáles son las reglas del juego en esta nueva economía.

Descubrirás:

• Por qué los ricos no siguen nuestras reglas

• Cómo usar las reglas de los ricos

• Las personas más ricas del mundo son comerciantes y especuladores

• Cómo aplicar las Reglas de inversión de los ricos

• La diferencia entre invertir y comercializar

• Cómo conseguir flujo de efectivo de un banco sin refinanciación

• y mucho más!